田中角栄 池田勇人 かく戦えり

栗原直樹

まえがき

平成二十四年十二月に発足した第二次安倍晋三内閣は、脱デフレに向け「アベノミクス」なる経済政策を掲げた。その中身は金融政策、財政政策、成長戦略という「三本の矢」である。これに伴って、日本銀行は、「二年程度でインフレ率二％」を目標に、大胆な金融緩和を開始した。

滑り出しは順調だった。内閣発足時、完全失業率は四・二％、実質GDPは五百十七兆円。一年三カ月後、この数値はそれぞれ三・六％、五百三十五兆円へと好転した。

だが、平成二十六年四月、消費税を五％から八％へ引き上げた。これで「アベノミクス」の勢いは止まってしまった。GDPは一時五百二十兆円まで下落し、回復しつつあるものの、増税前の水準には戻っていない。

実質賃金は五年連続マイナスで、個人消費も伸び悩み、日銀も物価目標を先送りし続けている。

最重要と思える失業率は、二十八年四月に三・二％まで低下。株価や為替も民主党政権下よりは好転したが、「デフレ脱却」とはいえない状況が続いている。「失われた二十年」は三十年になるかもしれぬと危惧される所以である。

しかし——戦後日本の道のりは、デフレが覆う現在より大変だった。何しろ廃墟から始まったのだ。食べ物も無く、着る物も無い。住居は焼かれてしまっている。そんな状態でスタートしたのである。

されど勤勉な日本国民は、着実に一歩一歩前進した。額に汗して働いた。おかげで戦後約十年、「もはや戦後ではない」といわれるまでに復興し、二十年近くに渡る「高度成長期」が幕を開けた。この間日本は約一〇％の経済成長を続け、やがて世界第二の経済大国へと上り詰めるのである。

我が国を世界の先進国へと押し上げた高度成長時代。テレビ、車といった現代人の生活様式を形作った高度成長時代——。

その中心にいたのが池田勇人と田中角栄である。

池田は「所得倍増計画」を標榜した。経済政策を前面に押し出した初の宰相だった。現在の「アベノミクス」、少し前の「構造改革」など、近年経済政策を看板にする内閣が目につくが、その先駆けは池田内閣である。

池田は「国民所得を十年以内に二倍以上にする」と宣言し、そのエンジンを民間の活力に求めた。主役は創意工夫に満ちた国民であり、政府はそれを後押しする脇役だと見たのだ。

池田内閣から経済成長が始まったわけではない。その前から成長は続いていた。だが景気が下向くと、すぐに悲観論が唱えられた。「もう成長は続かない」との声があがった。

しかし池田は「これからも成長できる、いや、もっと成長できる」とぶち上げた。それが「所得倍増計画」だ。池田によって方向感覚を与えられた国民は、自らの足で成長への道を驀《ばく》進《しん》し、国民所得は十年を待たず倍増したのである。

日本の高度成長は奇跡と呼ばれた。その象徴が池田勇人だった。デフレが続き悲観論がはびこる今、経済政策を成就させた池田の足跡を振り返ることは大きな意味があるのではないか。

角栄もまた高度成長に貢献した。特に道路だ。道路は人を運び物を運ぶ。池田は民間の活力こそ成長の原動力だと見ていたが、交通網が整わずしてその力が発揮されることなど不可能だ。角栄は無名時代に道路三法を立法し、日本の道路を拡張させた。交通網が充実すると自動車台数も激増し、「モータリゼーション」がやってくる。角栄のつくった法律は、民力を存分に発揮させ、高度成長の一角を担ったのである。

高度成長はテレビ時代を招来したが、これも角栄の業績だ。郵政大臣として、懸案だったテレビ免許の申請をまとめ上げ、四十三局一括付与。各家庭に「魔法の箱」が普及したのである。情報、技術……テレビが経済成長に多大な影響を与えたことは言うまでもない。

このように「東洋の奇跡」の牽引車であった池田勇人と田中角栄――。

二人の邂逅《かいこう》がなければ戦後日本の高度成長は別の形をとったかもしれない。世界第五位くらいでとどまったかもしれない。

　ところでこの両人は、実は縁戚関係にある。池田の親類と角栄の娘が結婚しているのだ。政治的にも私的にも近い関係だったのである。

　角栄は池田政権下で累進した。政調会長、大蔵大臣を歴任し、「所得倍増計画」をサポートした。角栄は佐藤栄作派に属していたが、池田に厚い恩義を抱き、「俺の恩人は池田さん」と語っていた。角栄が首相候補と見られてきたのも蔵相をこなした以降である。

　ちなみに蔵相時代の角栄は、ある「伝説」を残している。その「真実」に関し、元大蔵事務次官・国務大臣の相沢英之が取材に応じてくれた。女優の司葉子さんの良人としても著名な相沢は、当時大蔵官僚で、個人的にも角栄と親しかった人士である。

　池田は無類の予見能力を持っていた。モータリゼーション黎明期である昭和三十年代半ばの時点で、「昭和六十年前後には、日本の自動車が世界のトップクラスに入る」と予言したほど先読みに長けていた。一方角栄は、部下の竹下登が「天才」と畏怖《いふ》した無双の政治勘を誇っていた。その勘を武器に出世の階段を駆け上り、難問を次々と処理していくのである。

　また両者には、挫折の多い人生という共通点もある。池田は京大卒の大蔵官僚ではあるけれど、省内では長らく傍流だった。しかも、難病にかかって一旦大蔵省を辞めている。政治家になってからも「放言」で大臣の椅子をふいにした。

　角栄は中学校に進学せず、転職を繰り返し、初出馬の際は落選している。さらには二度もお縄になった。だが二人とも、失意の底から復活し、日本の歩みと軌を一にするかのように「高度成長」していったのである。

他方、角栄と池田には影の部分もあった。前者は金権の大家として名高いが、「量」はもちろん配り方、つまり「質」の面でも名を馳せた。後者はその点角栄の足元にも及ばぬが、三選目の総裁選では札束が乱れ飛び、「日銀から億単位の金が持ち出された」との〝神話〟まで生んだ。「影」の面でも逸話を残した両雄なのである。

角栄は近来稀な立志伝中の「今太閤」だ。その角栄を要職に抜擢し、「今太閤」への道をつけたのが池田である。池田もまた逆境から這い上がり、頂点を極めた政治家であった。

田中角栄と池田勇人――。日本も自分自身も高度成長させたこの二人を、敢えて対に論じることで、昨今とは異なる活気に満ちた戦後日本の姿が見えてくるのではないだろうか。

これは類いまれな「経営」哲学によって戦後日本をこの上もなく急成長させた「巨頭」二人の「邂逅《かいこう》」と「闘い」、「別離」の壮絶なる物語である。

目次

第三章　豪腕と野望

第四章　跳梁跋扈《ちょうりょうばっこ》

第五章　城取り

第六章　角栄の「権謀術数」

第七章　田中角栄、池田勇人、かく戦えり

装幀・本文デザイン　塚田男女雄（ツカダデザイン）

第一章　青雲の志

男たちの旅立ち

大正七年七月の名古屋は、例年より少し暑かった。

平均気温は平年比プラス一・二度の二六・九度、三五度を超える真夏日もあった。

台風も通過した。傘もさせぬ大風で、入学試験が始まっていた旧制高校の受験生を煩わせたものだ。

ずぶ濡れになった受験生たちの中に、広島から三人、山口から二人の五人組がいた。

一から八まであったナンバースクールは共通試験で、東京、京都在住の者は、居住地で試験を受けられた。それ以外の地方の者は、各地の旧制高校所在地で試験を受ける仕組みであった。そのため八高のあった名古屋で広島と山口の受験生が顔を合わせたのである。

五人組は舞鶴公園近くの下宿で邂逅した。一週間ほど続いた入試の間、肩を並べて試験へ通い、出来不出来を語らった。テストが終わるとカフェに繰り出し、酒を飲んで気晴らしをした。

酒盛りの言い出しっぺは広島から来た池田勇人という男だった。

いわく、

「こうして一緒に受験するのも何かの因縁だろう。高校に入れるかわからんし、俺たち五人がまた会うことは無いかもしれない」。

ということで、宴の開催となったのだが、飲む口実との感がしないでもなかった。

実際、池田はイケる口だった。ませてもいた。秀才の雰囲気は無かったが、人を惹きつける何かがあった。そこに池田がいるだけで、なぜだか場が活気づくのだ。そしてすでに、〝大人の風格〟があった。

そんな池田を不思議そうに眺めていたのが山口から来た佐藤栄作という男だった。佐藤は下戸で、ませてもいなかった。酒よりミルクセーキの方が美味しかった。

佐藤には市郎、岸信介という二人の兄がいた。いずれ劣らぬ俊秀だった。とりわけ岸は立ち回りも上手かった。談論風発、場を盛り上げる。一方佐藤は座持ちが悪く、専ら聞き役に徹していた。それゆえ肉体的にも大きな耳は、機能の方も「早耳の栄作」といわれるほど発達した。

その日も佐藤は池田の長広舌《ちょうこうぜつ》に耳を傾けていた――。


名古屋の宴を遡ること二カ月前の大正七年五月。

新潟は、穏やかな気候だった。

平均気温は平年並みの一四・九度。もちろん台風など来なかった。

が、のちに政界の「台風の目」となる男が生まれていたのである。

その男が出生したのは日本海に面した二田村だった。生家は貧乏だったとされているが、実は十五代続く自作農で、山林も持っていた。一町近く、一説にはそれ以上の田んぼを耕し、「オオザク（大きな耕地を有する作人）」と羨む小作農もいた。祖母は庄屋の家系であり、祖父は地元の寺で檀家総代を務める「旧家」であった。

生家の主は田中角次といい、田んぼの方は妻に任せて牛馬商など手広く事業を営んでいた。兼業農家で暮らし向きも悪くなかった田中家に、一つ悩みがあった。跡取りの男子がいなかったのだ。いや、本当はいたのだが、角一というその長男は嬰児《えいじ》のうちに夭逝《ようせい》していた。

しかし、この年端午の節句の前日に、待望の男児が誕生した。跡継ぎ出現に一家一同声を弾ませ、祖父は「俺がお湯を沸かそうか」と喜んだ。

赤ん坊はいかにも利発な目をしていた。家族は行く末に期待した。

父の角次はこの子に「角太郎」と名付けようとした。だが、母のフメが反対した。フメの実家の隣に「角太郎」という名前の犬がいたからだ。

鋭い眼差しを持ったお世継ぎは、結局「角栄」と命名された。フメの提案によるもので、「田の中の角まで栄えるように」との願いを込めて付けられたという――。

「文遊両道」

明治三十二年十二月三日、広島県豊田郡吉名《よしな》村の素封家《そほうか》で、池田勇人は生まれた。父吾一郎、母うめの間に生まれた五女二男の末っ子である。

吉名は瀬戸内海に面した景勝地だ。現在は竹原市吉名町となったこの地には、西方寺という寺の説教所がある。

三か所に分骨された池田の墓の一つがここにあり、地元男性が墓にまつわる裏話を語ってくれた。

男性が小学五、六年のときの話である。寺で焚き火をしていた際に悪戯をやらかすと、住職が色をなして現れた。

「コラァ！　ちょっとこっちへ来い！」

怒り冷めやらぬ住職は、いずこかへ悪ガキを連行した。なぜだか裏山へ登って行く。

「……ど、どこ行くんですか？」

いたずらっ子は動揺しながら尋ねた。怒鳴られるだけで「拘引」されるとは思っていなかったのだ。

「いいから来い！」

一寸して辿りついた目的地は、吉名が生んだ唯一の宰相の墓だった。住職は「犯人」に判決を下した。

「池田総理に謝れ！」

住職の迫力に屈した悪童は、何が何だかわからぬけれど、墓石に向かって頭を下げた。

「すいませんでした……」

池田の没後二十年経った昭和六十年頃の話だが、その後男性は「おらが総理」を「よくわからんが、凄い人なんじゃ」と思うようになったそうだ。

「おらが総理」の墓は青山墓地にもあり、「昭和三十三年池田勇人建之」の文字が刻まれている。お参りしたのは春うららかな四月であったが、墓前に捧げられた青い花が青空と一対をなしていたものである。

池田家は酒造業を営んでおり、「豊田鶴」という銘酒を醸造していた。ただ、父の吾一郎は事業欲旺盛で、煉瓦工場や銀行業、郵便局など様々な仕事に手を出している。酒造が一番長く続いたことから「池田の生家は造り酒屋」といわれるようになった。

母のうめは対岸に浮かぶ小さな島の出身だ。大崎上島《おおさきかみじま》という島は、衆議院議員の望月圭《もちづきけい》介《すけ》を輩出している。

望月は内務大臣や政友会幹事長を歴任した有力政治家で、のちの代議士宮沢裕《みやざわゆたか》が秘書官を務めた。その裕の息子・喜一が池田の秘書官として活躍することになるのである。

うめは幼少より望月と知り合いで、池田も学生時代からその謦咳《けいがい》に接していた。終生、郷土の先輩政治家を意識していたようだ。

池田の次女紀子に話を聞いたところ、厳父は家で、形見分けされた望月の羽織を着ていたという。

また、池田内閣で官房長官を務めた鈴木善幸《すずきぜんこう》は、池田が初めて大蔵大臣になったときの逸話《いつわ》を披露している。それによると、新蔵相は形見の羽織を屏風に掛け、前に一升瓶を添えて「先生の衣鉢《いはつ》を継いで国家万民のために尽くす一人前の政治家になれました」と報告したとのことだ。

池田が初めて蔵相になったのは初当選した直後である。議席を得て一カ月に満たない新人が、「一人前になれた」とは先走った話だが、浮かれやすいのは議員の通弊といってよい。区議に当選しただけだというのに、「俺、議員になったんだぜ」などと胸のバッジを見せつけて回り、顰蹙《ひんしゅく》と失笑をまとめて買ったセンセイもいる。そうした醜態に較べれば、事は蔵相だけにスケールが大きいといえなくもない。

ともあれ、形見をタンスに眠らせず、普段着として愛用し、節目に儀式を執り行うとは、池田は真に望月を敬愛していたのだろう。

池田が政治家を志したのはいつからか、その答えは明確ではない。大蔵省の局長時代、酒席で
「僕の念願は、大政党の幹事長になることですよ」

と放言した話は伝わるが、野心のスタート地点は不確かだ。信頼できる資料を調べても、次女の紀子に尋ねてみてもわからなかった。

しかし、もしかすると、望月を見て、子供の頃から政治家になりたいと思っていたのかもしれない。

作家の林房雄《はやしふさお》も書いているが、池田が育った明治や大正の初め頃は、「立身出世熱」の沸騰した時代だ。池田も両親から「お国のために役立つ人間になってくれ」といわれ続けていたという。否定する向きもあるようだが、母から「望月さんのような立派な人になれ」と発破を掛

けられていたとの話もある。当時の社会の風潮に加え、身近に政治家がいた環境が、池田を政治に向かわせる要因になったという気がするのである。

さて、明治四十年、池田は吉名の小学校へ入学した。

「三つ子の魂百まで」のことわざ通り、池田は餓鬼大将だった。

旧家の出ゆえ坊ちゃんを意味する「ぼんさん」と呼ばれ、成績は悪くなかったが、素行の方はあまり良くなかった。

資産家の特権か、鉛筆や酒粕を配って周りを手なずけ、その〝権威〟をもってして、魚とりをやれば一番大きな獲物を召し上げた。家の中でも腕白で、いたずらの罰で土蔵に閉じ込められては貯蔵物をひっくり返した。

小学生のボスというのは大抵体が大きいが、池田は背が低かった。中学四年の頃から急速に伸び始め、五年の卒業時にはクラスで一、二を争う背丈となるのだが、児童の頃は最前列を争った。にもかかわらず幅を利かせられたのは、家柄もあろうが「ぼんさん」の持って生まれた親分肌のせいだろう。

池田は中学で親元を離れた。大正二年、吉名から十キロあまり離れた県立忠海《ただのうみ》中学へ入学し、寮生活に入ったのだ。

「お国のために役立つ人間」となるために、陸軍幼年学校に挑んだけれど、視力と上背が及ばなかった。そのため県立中学に落ち着いたのである。

「海闊寮《かいかつりょう》」なる寄宿舎には、強面《こわもて》の先輩がいた。

のちに「ニッカウィスキー」の創業者となる竹鶴政孝《たけつるまさたか》である。NHKの連続テレビ小説「マッサン」のモデルとしても知られる竹鶴は、柔道部の猛者で、寮長でもあった。さすがの「ぼんさん」も頭が上がらなかったと見え、寮長の布団の上げ下ろしをさせられた。竹鶴とは最期まで交流が続いたようだが、「ニッカ」という三文字も、池田の晩年に思わぬ形で登場することになる。

池田は中学で「池斉《いけせい》」と呼ばれた。兄の池田斉三《いけだせいそう》を略したものだ。兄の端折りでいいじゃないか、ということらしい。

「池斉」のやんちゃは中学になっても収まらず、畑荒らしやつまみ食いに奔走した。飲酒も覚えた。部活は剣道部に在籍したが、巨漢に負けたのが悔しくて、竹刀を捨ててボート部へ入った。

放蕩生活が変わって来たのは四年の頃だ。高校受験のため俄《にわ》かに机に向かい始めた。馴れぬ勉学で目玉が悲鳴を上げたのか、鉄縁眼鏡をかけ出した。机に張り付く池田に対し、周囲は敬《けい》したのか揶揄《やゆ》したのか「カマボコ」なる新名称を献上した。

最終学年になると、池田はもはや昔の池田ではなかった。バンカラぶりは相変わらずだが「学」の方を優先するようになったのだ。身長と共に成績も伸びた。国民所得を倍増させた宰相は、学力を倍増させた実績もあったのだ。生来集中力はあるのだろう。後々経済指標に凝った姿がそこにあった。

遊び一辺倒だった「池斉」が、「文遊両道」の池田勇人になりつつあったのである。

角栄神話の起源

田中家の跡取りも、「ぼんさん」に負けず劣らずわがままだった。

暴れ回るわけではないが、まず、偏食だった。嫌いなものが膳に並ぶと駄々をこね、意地でも箸をつけなかった。

「これイヤダッ！　食べたくない！」

すると、祖母のコメがその場でつくり直してくれた。

「はいはい。じゃあお婆ちゃんが美味しいものをつくってあげるから」

小さな美食家は満足げに祖母の手料理を味わった。

「……ウン、美味しい……」

コメは庄屋の血を引く美人だった。村の三美人の一人に数えられたほどだ。名家の花の通例として、真面目で自尊心の強いコメは、跡継ぎ育てに人一倍の意欲をもって取り組んだ。事業にかまける父の角次も田んぼで働く母のフメも、息子だけにはかまえなかった。そのため育児の手綱は祖母が握った。コメは角栄を溺愛し、孫も祖母に甘えていた。「貧農の生まれ」「極貧だった」などと「貧乏神話」がまかり通っている角栄も、幼き日は祖母の庇護の下、恵まれた環境で育ったのである。

ときに「貧乏神話」に関しては、

「いろいろ言われてるほどは苦労してないんですよ。（中略）だけど貧乏だといったほうが、

選挙にはいいと思った」（『週刊読売』昭和五十六年十月二十五日号）
「私の生家は中農だった」（『続わが青春放浪記』）
「私の生家は近在の豪家」（『我ら大正っ子』）
等々角栄本人が否定している。
上記の三つは埋もれてしまった資料だが、文庫化もされた「私の履歴書」にも「山林を持った自作農」「祖母の実家は庄屋で祖父は檀家総代」だと書いてある。本当に貧しかったら檀家総代になれないし、山林など持てないと、色眼鏡を外して読めば誰でも思うだろう。著名な自伝を開けばその怪しさはわかるのだから、「定説」には作為と先入観を感じざるを得ない。
ちなみに「貧乏神話」がもたげてきたのは昭和三十年代後半あたりからで、父の事業の失敗と、それに伴う借金の話がことさら強調されるようになった。しかし、その頃においてさえ、例えば読売新聞の特集記事では「豪農の家に生まれた」「一族の暮らしはゆたかだった」（昭和三十八年四月九日朝刊）等ルーツは貧しくなかったと紹介されている。
四十年代に入ると「貧乏神話」は拡散し、四十七年の田中内閣誕生・今太閤ブームで「定説」といってよいほど定着した。しかも年々話が大きくなり、今や貧乏の上に「極」が付いて「極貧」とまで膨らんでいる。神話の原作者が角栄サイドなのかシンパなのか知らないが、世に伝わる「定説」なるものには案外眉唾物が多いことを示す好例だろう。
ところで、池田と同じ「ぼんぼん」だった角栄は、意外な一面を持っていた。〝内弁慶〟だったのだ。

その原因は「ドモリ」にあった。二歳のときにジフテリアとなってから、吃音になってしまったのである。

おかげで角栄の縄張りは池田と違って狭かった。外で遊ぶとドモリを茶化され、実力行使に出ると反撃されて退散した。そんなときは隣家の従弟をブン殴ってうっぷんを晴らした。小学校高学年あたりでドモリは改善するのだが、低学年までは重症で、自然と内気で出不精になった。のちの大派閥の頭目も、この頃は自宅と隣のたった二軒だけが勢力圏だった。

だが、頭の方は抜群に良かった。「勉強は学校だけでよい」という母の教えに従い家ではあまり勉強しなかったけれど、二田小では一年生のときは二番、二年生からは首席を通した。三年生からは級長を務めた。

先生にも恵まれた。生涯の師となった草間道之輔《くさまみちのすけ》先生と出会ったのである。

角栄は草間先生から暗記の大切さを学んだ。

「人間の脳は多くのモーターの集まりである。十個か十五個回せば生きてゆけるが、努力すれば何千も動かせるようになる。そのためには暗記することだ」

という師の金言を、脳細胞に刻み込んだ。天与の記憶力は名伯楽の教えによって鍛えられ、行く先「役人の履歴や誕生日を諳《そら》んじる」ほど発達するのである。

草間先生の薫陶《くんとう》を受け優秀だった角栄は、小学五年修了で、中学への進学を勧められた。当時、成績の良い児童は六年生を経ずに中学校へ行けたのだ。

しかし、田中家の跡取りは、中学校ではなく、小学校の高等科へ進むことに決めた。家計を支える母の苦労を思うと進学する気になれなかったのだという。

この頃田中家は角次の事業の失敗で、借金を仕出していた。幼き角栄も縁者の家へ借金に出向いた。フメの頑張りで返してはいたが、豊かな家産は傾き始め、のちに「貧乏神話」として誇大に伝わる下り坂の生活だったのである。

けれども、角栄は前出の「週刊読売」の中で、次のようにも語っている。

「田んぼへはいっぺんも入ったことないし、九歳から馬にも乗ってるしね」

つまりは子供が家計を助けるような生活ではなかったということだ。事実、角栄は高等科卒業後、働かずに家でブラブラしていた。当時の貧困層は、小卒後ただちに丁稚奉公する例もあったのに、である。しばらく経って工事現場に勤めたが、これとて定職ではなくアルバイトだ。しかもすぐ辞めている。

加えて卒業一年後に東京遊学するのだから、経済的事情が進学断念の主因とは思えない。楽に出せる余裕は無いにせよ、その気になれば学費は捻出できたと考えられるのだ。

結局、角栄は、どうしてもという進学意欲が無かったのではないか。

進学話の出た昭和五年から八年頃は小卒が当たり前の時代だ。文部科学省と国立政策教育研究所に問い合わせたところ、昭和五年の小学校卒業者は全国で六十四万三千百六十五人いて、中学へ入学した者は六万八千八百九十七人。たったの一割強である。その先数年間、割合に変化はない。新潟県ではさらに下がり、例えば昭和八年の数字では、小学校卒業生四万九千百九名のうち、中学に進んだ者は三%強の一千七百四十五名である。

つまり、当時は小卒だからといって低学歴でも何でもなく、それが普通だったのだ。それどころか越後では、高等科に進んだ者も、二万三千百四十五人と卒業生の半数以下だ。中学校にも高等科にも進学しない子供がほぼ半分を占めていたのだ。高等小卒で「低学歴」とされる角栄は、二者択一すれば、むしろ「高学歴」の部類だったのである。

周囲のほぼ全てが小卒で、進学は例外に属する環境だったからこそ、角栄は無理してでも進学しようと思わなかったのではないか。

やがて通学目的で上京するなど進学意欲が増してきたものの、小学校時代は何が何でもという思いは無かったと思えるのだ。

ともあれ進学を断念したことで、角栄には「低学歴神話」も加わった。時代背景を無視した「貧乏神話」以上の暴論だと思うが、こうした神話に彩られ、角栄は「今太閤」となってゆくのである。

東大でビリより京大で一番

「カマボコ」に変化を遂げた池田の第一志望は、東京の一高だった。

旧制第一高等学校——。

全国からエリートが集う、最難関校の一つである。あまたの政治家や文化人を輩出し、「嗚《あ》呼《あ》玉杯《ぎょくはい》に花うけて」の寮歌も名高い。

一家の希望を一身に背負い、池田は受験地の名古屋へ向かった。そこではからずも佐藤栄作と出会ったのである。

しかし池田は一高入学を果たせなかった。佐藤ともども熊本の五高に回されてしまった。一高に入れなかったのは、成績が悪かったためとは必ずしもいえない。当時の入学制度はまず全高校の総数の合否を決め、その合格者を各校に割り振るというもので、出来が良くても志望校に行けるとは限らなかったのである。

やむなく五高生となった池田は不本意であった。

――机にかじりついたのに。遊びもほどほどにしたのに。

家族の期待も重かった。父母は絶えず「お国のために役立つ人間になってくれ」とけしかける。家業を継ぐため進学しなかった兄も、「勇人には自分の分も勉強して偉くなってもらわんと」と焚きつける。

何よりあれだけ頑張った池田自身が満たされなかった。日に日に不満が積ってきた。それはある日一線を超えた。

〈よし!〉

池田家期待の星は初志貫徹を決めた。再度一高を目指すことを決意したのである。

五高を休学した池田は上京し、角栄も一時在籍した正則英語学校(現・正則学園高等学校)に通って勉強した。再び学力倍増計画だ。いや、試験自体は合格したから、倍とはいわずもう一息で十分なはずだ。

が、この世は世知辛い。翌年も同じ事であった。またも五高に回されたのである。

〈クッソう……〉

一高に振られた池田は気を落としたが、運命を受け入れた。五高に再入学して一から高校生活をスタートさせた。二年に進級した佐藤の背を見ながらの出直しだった。

柄にもない勉学の反動か、晴れずに二度目の五高生となった「カマボコ」は、以前に逆戻りして遊び放題の熊本生活を全うした。

旧制高校といえば、「デカンショ（デカルト、カント、ショーペンハウエル）」を読みベートーヴェンを聴く教養主義者が連想されるが、池田に言わせると「高校時代に勉強するやつはバカだ。英気を養い、大学にいってから勉強すればいい」そうだ。

なにしろ同級生より年長である。遊び慣れてもいる。おまけに「軍資金」も豊富であった。月の仕送りは二十五円が相場の時代に、この素封家の末子は何と百円以上も貰っていたのである。

昼間は授業をサボって囲碁を打つ。日が沈むと仲間を誘って飲み屋へ繰り出し、豊かな財布にモノをいわせて痛飲する。金が無くともカメラや時計を質に入れ、料亭へ繰り出し芸者遊びをするといった按配だ。

池田の碁敵《ごがたき》は池田内閣で文部大臣となった荒木万寿夫《あらきますお》で、碁は敵わなかったが酒量は五分に渡り合った。荒木は池田と大学も同窓で、官界から政界というコースもまた同じだった。

荒木の文相就任にはエピソードがある。池田が首相になる直前、五高の同期らが荒木の入閣を頼みに行った。

「今度君が総理になるのは間違いないようだ。是非、荒木君を大臣にしてくれ」

「任命権者」は言明せずとも啖呵を切った。

「荒木のことなら俺の方がよく知っている」

旧友たちは「あの分なら大丈夫」と安心し、はたして池田はかつて試験前にノートを写させてもらっていた碁敵を、雛壇に座らせたのである。

荒木自身は頼みに行かず、不思議に思った池田が組閣後訊ねた。

「君は俺の所へ入閣を頼みに来なかったではないか」

すると荒木は親しき仲にも礼儀あり、といった口調で答えた。

「次の選挙に当選したら頼むつもりだったんだ」

新総理は何を水臭い、と言わんばかりにのたまった。

「君の選挙区は激戦区ではないか。今度の選挙が大変だよ」

付け加えれば、ツテがあるのに猟官運動をしない政治家は、天然記念物を見つけるくらい難しい。

荒木文相は日教組を無視した。それゆえ「低姿勢」の池田内閣における「〝高〟一点」といわれたものだ。反面、血尿を出すほど教科書無償化に精を出し、ついには成就させた実績もある。池田の青春は飲酒と碁打ちだけでなく、良き友にも彩られていたようだ。なお、教科書無償化の予算を付けた蔵相は、田中角栄である。

高校卒業間近には、「どうせ俺も飲むしみんなも飲む。それなら自分で安い店を開いて、みんなで飲んで儲けて残ればまた俺が飲む」という独自の理論に基づいて、「池田屋」なる飲み屋を開業した。が、案の定、仲間内で飲み尽くしてしまい、たった三日で廃業した。面白半分で始めたそうだが、経済政策に優れた者が、「経営」に優れているとは限らないのだろう。

池田は東大を志望していたが、そんなこんなで「英気を養って」ばかりいた学生が、赤門をくぐれるはずがない。三年時には少しばかりの受験勉強を始めたものの、時すでに遅し。当然のことながら「不合格」を突きつけられたのである。

池田の落第には郷里の家族も失望した。特に兄の斉三は、「自分の分まで勇人に」と望みを託していただけに、落胆の色濃かった様子だ。多額の仕送りは危険を伴うとはゆめ知らず、勉学に燃える賢弟の勇姿を想像していたのだろう。

一方佐藤栄作は、前年一足先に東京帝国大学へ入学していた。池田と別個の真面目な五高生活を送っていたのだ。二人はクラスも学年も違い、在学中の交流は無かったが、互いに役人となって再会し、その後しばしば接点を持つようになる。

結局池田は、「東大でビリになるかわりに京大で一番に」という母の励ましもあり、京都帝国大学法学部に入学した。

一高東大コースを歩めなかったことで、後年池田は自嘲気味に、鉄道の三等車を指す「赤切符」と自称していた。とはいえ大学進学率が五％に満たない時代の京大だ。角栄の神話のようなもので、大蔵省では三等車でも世間では立派な一等車である。

享楽的な五高生活を過ごした池田だが、内心忸怩《じくじ》たるものがあったのか、卒業時に親友と開いた送別会の席上で、「三年間、互いによく遊んだ。しかし大学に行ったら、俺は高文（高等文官試験＝現在の公務員試験）をとらねばならぬ」といつになく厳かな口調で呟いたという。

京大時代の池田は、五高時代とは打って変わって学業に励んだ。荒木万寿夫の語るところ、「池田君の下宿にいつ行っても机にかじりついていた」というほどだ。事実、成績はトップクラスで、高等文官試験にも好成績で合格した。やればできるのだ。

かといって、勉強ばかりの大学生活でもなかった。卒業時には、級友を連れ天橋立《あまのはしだて》のある宮《みや》津《づ》へ乗り込み、有り金はたいて豪遊している。やはり、池田はそうこなくてはならない。古都での四年間を経て、池田は本格的に「文遊両道」の男となり始めたのである。

大正十四年三月、京都帝国大学を卒業した池田は、翌四月、大蔵省に入省した。同期には、のちに日銀総裁となる山際正道《やまぎわまさみち》、田中角栄内閣の蔵相となる植木庚子郎《うえきこうしろう》、そして「池田派」宏《こう》池会《ちかい》の事務局長となる田村敏雄《たむらとしお》などがいた。

過分な仕送りを散財し、それでも足りずに質屋へ足を運んだ男が、心機一転脇目も振らず勉強し、国の台所を預かるまでになったのである。池田勇人、時に二十五歳であった。

角栄、錬金術のルーツ

池田と異なり中学へ進まなかった角栄にも、高等小卒業の一年後、東京で勉強できる機会が来た。理化学研究所所長の大河内正敏《おおこうちまさとし》の書生として学校に通えることになったのだ。

ところが、その話には行き違いがあった模様で、角栄は書生になれなかった。そのため上京後の角栄は、職を転々とする羽目となったのである。

学校には働きながら通った。いくつかの専門学校に籍を置き、上京二年後には工業技術系の学校として現存する中央工学校を卒業している。小卒が当然の時代に専門学校を出たのだから、やはり「高学歴」なのである。「低学歴」というなら「国会議員の中では」と冠《かぶ》を被せないと正しくない。

しかも「身売り」もあったこの時代に、仕送りも受けているから「貧乏」でもないのだ。そもそも東京遊学すること自体、同世代の地方出身者に較べ恵まれた環境にあった証拠である。

昭和二十八年から四十七年まで、角栄は中央工学校の校長を務めた。三十九年の学校法人化の際には理事長にも就任した。どんなに多忙でも入学式と卒業式には顔を出し、講師が欠勤したとき身代わりとして教壇に立ったこともある。のちに建設関係の立法を多々成立させた角栄は、「中央工学校で教わったことがその基盤になった」と母校に感謝の意を表したものだ。

十九を前に自ら建築事務所を開き、その少し前、書生として仕えるはずだった大河内正敏と邂逅した。出会いは偶然だったが好機と見た角栄は、上京のときのいきさつを話し、大河内の許に出入りするようになった。理研所長は元書生候補に仕事を回し、若き角栄はぐんぐん業績を伸ばしていったのである。

途中、軍隊にとられたが、病気で除隊後再び事業をスタートさせた。地獄のような軍生活のなかでも、建築の勉強を欠かさなかった角栄は、手にした知識を仕事に生かし、早くも仕事を軌道に乗せた。ややあって、この活発な建築屋の前に、盆と正月が一緒に来た。

その頃角栄は、主人が亡くなり空室だった「坂本組」の事務所を借りていたのだが、家主の坂本家の娘と結ばれたのである。

娘の名ははなといい、離婚歴があり子供もいた。静子という可愛らしい女の子だった。はなは優しく控えめで、家庭的な女性であった。同じ屋根の下で暮らすうち、角栄ははなが気になり始めた。

〈はなさんとなら結婚してもいい〉

かくて、野心的な店子は、ちょっぴり悩んだ末、大家の娘を伴侶に選んだのである。

この結婚によって、角栄は坂本組を継ぐことになった。坂本組は実績のある会社であった。従来のお得意だった理研に加え、嫁の実家の手づるも得た角栄は、二十五歳で個人企業を「田中土建工業」として再編し、たちまち事業を伸展させていくのである。

日の出の勢いの角栄は、会社の顧問に政治家を招いた。「政界の寝業師」と呼ばれた大麻唯《おおあさただ》男《お》である。大麻は国務大臣で、軍にも顔が利く実力者だった。世は大東亜戦争で揺れていたが、軍部につながる大麻と、軍需産業も兼ねる理研によって、角栄は戦時利得を得ていたのである。

終戦間際には、軍需工場を朝鮮へと移転する、巨額の工事を受注した。当時の金で二千万を超える大事業だった。角栄は自ら半島へ渡り、かつてない工事の采配を振るった。しかし創業以来の大仕事が完成する日は来なかった。戦争が終結したのである。

このとき角栄は全財産を朝鮮に寄付したと自伝に書いている。だが本当のところは物資だけを贈与したのだろう。工事の代金は軍票で支払われていたが、発注者である理研の幹部は、「角栄は軍票を現金に換えたはずだ」と証言している。その現金まで寄付したとは到底思えない。

実際、田中土建社長は終戦の混乱をくぐり抜け、いとも簡単に帰国している。その経緯について角栄は、自伝においては『角栄』を『菊栄』と誤読され、女性に間違えられて帰国できた」と述べている。が、埋もれた随筆『青年大臣奮起録』では「帰国の際に政治力を発揮した」などと意味深な台詞を吐いている。寄付しなかった現金を武器に帰還したということであろう。

そして帰国後角栄は、大麻唯男の斡旋で、進歩党に多額の献金をしている。戦中の主流派議員が集まってできた進歩党は、党首をめぐって揉めていた。決着方法は「先に三百万円寄付した方を総裁にする」というものだった。

大麻は元民政党総裁の町田忠治《まちだちゅうじ》を推していた。社の顧問でもある寝業師の要望を受けた土建屋は、二つ返事で献金を快諾したのである。

大麻の思惑通り町田は総裁に就任したが、角栄の献金額は未だに不明だ。そのため神話と同様に、「全額出した」「二百万出した」などの流言飛語が飛び交っている。角栄本人は「五十万」「百万」と言を左右にしていたが、どのみち原資が朝鮮で得た現金だったことは間違いないだろう。

この献金によって大麻を瞠目させた角栄に、衆議院議員選挙への出馬話が舞い込んだ。大麻が強く勧めたのだ。十代の頃より政治家になりたがっていた角栄も、急な話に逡巡を重ねたが、結局、首を縦に振った。進歩党候補として郷里の新潟二区から立候補することを決断したのである。

「軍」の儲けを資金に赤絨毯《じゅうたん》を踏む

ここで、一つの興味深い事実に気づく。角栄と軍の関係である。

角栄は軍隊でいたぶられた経験を持ち、「軍隊なんてでたらめじゃないか」と漏らしたとも伝わる。思想はともかく感情的には「反軍」だったようだ。しかし、その前半生を追うと、初出馬時に地方紙で「数千万円の戦時利得者来る」と当てこすられた通り、実は軍の「恩恵」に授かっていたことがわかる。

軍の下請けのような仕事で潤い、その資金をもって避難し、献金し、出馬する、といった具合だ。

角栄が戦争を煽《あお》る「死の商人」だったわけではない。軍事費が国家予算の八割を占めていた時代だ。経営者として儲けるチャンスに便乗するのは当然のことである。軍とつながって財を成した者は無数にいるし、盟友だった小佐野賢治を筆頭に、角栄より巨富を築いた人物はいくらでもいるだろう。

しかし、戦時に会社を拡大し、その資産を背景に政界へ出て、首相にまでなった角栄こそ、結果として最大の戦時利得者だったのではないか。

戦争で大きくなった政治家もいるにはいる。だが、角栄のように、頂点を極めた政治家は他にいない。政界で出世したのは無論軍部でなく角栄自身の力のためだが、軍の仕事で儲けなければ政治家になれたかわからないのだ。「軍隊嫌い」の男がその実、軍から最も利益を得ていたという歴史の皮肉を感じるのである。

さて、立候補を決めた角栄は、社の監査役塚田《つかだ》十一郎《じゅういちろう》を参謀に据え、昭和二十一年四月の戦後第一回目の衆院選に臨んだ。

定数は八名、角栄のキャッチフレーズは「若き血の叫び」である。進歩党公認かつ若さも資金もあるということで、事前の予測では有力候補と見られていた。

ところが公示日になって、参謀の塚田をはじめ陣営幹部が三人も、自ら出馬してしまったのである。

それのみか、政治ゴロにも次々と金を巻き上げられた。さらには角栄の演説も酷かった。

「新潟と群馬の境にある三国峠を切り崩せば雪は降らなくなるッ！」

などとやらかすのだ。

あまつさえ、最大の支持基盤だった理研も崩れた。工場長の弟が出馬したのだ。それがため、丸々角栄に来るはずだった票が割れてしまうことになったのである。

こんな状態で勝てるはずも無かった。立候補者三十七名のうち十一位で落選した。

ここで撤退していたら、この世に「今太閤」が出現することはなかった。「太閤」と呼ばれる個人も秀吉一人のままだった。

けれども、田中角栄は再び立った。

――このまま終わってたまるか！

闇雲に動くばかりでなく、負け戦の教訓を生かし工夫を凝らした。失敗は成功の母である。

〈地元で社員を雇ってみよう〉

反逆を食らった反省から、自前の運動員を手足とした。さらには選挙区の「辺境地」に目を付けた。雪を掻き分け山の中へと入って行った。

〈都市は他の連中が強い。『川上から川下へ』だ〉

搦《から》め手を突き、他候補が足を踏み入れない地域を重点的に回ったのである。

もとより稀な魅力と行動力の持ち主だ。一軒でも多く訪問し、面と向かって接すれば、有権者の反応は手に取るように変わってくる。

〈『急がば回れ』だ。俺だけしか顔を見せなければ必ず応援してくれる〉

のちに語った「戸別訪問三万件、辻説法五万回」という選挙の極意を体得したのだ。

敗退の一年後、捲土重来《けんどちょうらい》の機会が来た。進歩党は「民主党」へと改装し、選挙制度も大選挙区から中選挙区へと変更された。前回二つだった新潟の選挙区は四分割され、角栄は新潟三区からの出馬となった。定数は五名、名乗りを上げたのは十二名である。

民主党新人として決意を新たに選挙戦に挑んだ角栄は、猛烈な勢いで選挙区を回った。

〈二回連続落選したら次は無い。後の無い戦いなのだ。悔いだけは残しちゃならんのだ〉

演説会から演説会へと飛び歩き、多い日には九か所で熱弁を振るった。ただでさえダミ声なのに喉がしゃがれて聞きづらかった。聞こえたところで大した内容では無かった。されど熱意だけは伝わった。

地の利も得た。票を食い合った他候補たちは選挙区を変えたり出馬を諦めたりした。理研工場長の弟も出なかった。大票田を独り占めできることになったのだ。

〈今度こそイケる。風は努力した者の方向へ吹くのだ〉

昭和二十二年四月二十五日。その日は田中角栄第二の「誕生日」であった。一介の土建屋だった男が、政治家田中角栄として生まれ変わったのである。

三位で当選だった。辺境地から多くの票を獲得し、落選後の行き方が正しかったと証明された。「誕生日」だというのに角栄は寝ていたが、姉から当選を教えられた。この日、新潟の空は晴れていた。

昭和二十二年五月二十日、第一回特別国会が召集された。それまでの「帝国議会」が新憲法によって改変され、「国会」が始まったのである。

新潟三区選出の衆議院議員田中角栄も、初登院した。

襟元のバッジの感覚が、何とも心地良かった。

〈第一歩が肝心だ〉

のちに政界の台風の目となる田中家の跡取りは、一五・五センチの足で、ゆっくりと赤絨毯を踏んだ。

第二章　邂逅

「出世街道」と「新妻」両手に花

大正十四年入省の大蔵官僚池田勇人は、初め銀行局に配属された。といっても、実態は見習いだ。当時は加藤高明内閣で、蔵相は浜口雄幸だった。

月給は七十五円であった。池田はそれを袋のまま実家へ進呈した。兄斉三はこの「寸志」を郵便貯金にして神棚へ祀り、賢弟には別途百五十円を送った。弟にせよ兄にせよ、昔の素封家はスケールが大きい。

池田の人生のキーパーソンとなる四期先輩の松隈秀雄《まつくまひでお》とも新米の頃知り合った。松隈によると、池田は元気で酒が強く、神田のバーで共に飲み歩いたこともあるという。

昭和二年七月、見習いを終えた池田は函館税務署長を拝命。北海道へ赴任した。その直前、縁談が舞い込んだ。お相手は明治維新の功臣・広沢真臣《ひろさわさねおみ》の子孫である直子だった。

広沢伯爵家は銀行家の渡辺利二郎に娘の縁談を相談していた。相手は役人がよかろうと考えた渡辺が、その旨周囲に話したところ、親友の宮沢裕から池田を推薦されたのである。宮沢は望月圭介の秘書官で、見所のある青年として池田の名を挙げたのだ。

池田に異存は無かったが、吉名の実家が躊躇《ちゅうちょ》した。こちとら素封家ではあるけれど、伯爵家がお相手では不釣り合いだというのである。

しかし、渡辺の説得もあり、二人は晴れて対面する運びとなった。池田は見合いの場に白の麻服とめかし込み、体躯も態度も堂々たるものだった。そして、御対面から四カ月を経た十一月、素封家の息子と伯爵の娘は無事結婚へと至った。新郎二十七歳、新婦二十三歳であった。

だが——新妻を迎え、幸せの絶頂にある税務署長は、やがて数奇な運命にもてあそばれるのである。

その始まりは結婚の翌年だった。息子夫婦を訪れるため、両親が遥か北海道へやってきた。新婚夫婦のもてなしに喜んだのも束の間、父が突然発作に襲われ、頭を押さえて倒れた。そのまま帰らぬ人となったのだ。

大掛かりな遺体輸送計画を立て亡父を弔《とむら》った池田だが、今度は自分の身にとんでもない悪夢が降りかかったのである。

昭和四年十二月、池田は宇都宮税務署長に転出した。前任者は一期上の古海忠之《ふるみただゆき》で、のちに満州へ渡り、その後シベリアに抑留されるという波乱の生涯を送った人物だ。古海の回想によると、祖国へ帰還を遂げた際、首相となっていた池田が生活費の面倒を見てくれたという。帰国からの十カ月間、しめて三百五十万円に上ったそうだ。

宇都宮の空気を吸うこと九カ月が過ぎた翌昭和五年九月。一説には十日のことであるという。

ふと、池田は手足に痒みを感じた。

「おい、直子。何か痒いからちょっと見てくれ」

夫は足をまくってみせた。脛《すね》など数か所に小豆ほどの出来物があった。

「何でしょうね。あなたが子供みたいなので、子供がかかる水疱瘡にでもかかったのでしょ。とりあえず薬を塗っときましょう」

若夫婦は別段心配しなかった。軟膏を塗ってその場は済ませた。が、治るどころか、小豆はじわじわと増えていった。

医師の診断を仰いだところ、アレルギー性の皮膚病か何かということで、注射やら漢方薬やら試みた。だが一向によくならない。それどころか悪化していくように感じられ、痒みも痛みも止まらない。改善の兆しが見られないので十二月には上京し、東京帝大病院で診てもらうことにした。

診察を受けた池田は、即、入院を命じられた。慎重な検査を要するというのだ。

入院後も患部は広がった。小豆が膨らんでは潰れ、血が噴き出した。するとまた新たな小豆が現れた。その繰り返しであった。痛みも痒みも激化した。池田はミイラ男のように、頭のてっぺんからつま先まで包帯に包まれた。

入院して三週間が経った日に、池田は病名を告げられた。

落葉性天疱瘡《らくようせいてんぽうそう》――。

世にも稀な難病であった。

池田を一気に襲った不幸の連鎖

病床の池田は、しょっぱい物が恋しかった。

「塩」が禁じられていたためだ。

田中角栄は「すき焼きにじゃぶじゃぶ醤油をかけた」等々奇特な味覚を誇ったが、そこまでの境地は遠くとも、人間、塩分が足りないと力が出ない。文字通り「無味」の食事では、栄養を摂った気がしなかった。痒みと痛みも間断なくやってきた。

しかし、一番堪えたのは、眠れないことだ。

一時間ごとに目が覚めた。全身の違和感を紛らわそうと、体をさすり、寝返りをうった。

直子は付き添いで看護した。が、包帯にくるまれた重病人は、そんな愛妻にも容赦がなかった。

「おい、そこをさすってくれ」

「そうじゃない、もっと下だ」

「そんなんじゃ効かない。俺の苦しみがわからんのか」

直子に当たり散らしていた池田は、心底、妻に頼り切っていたのであろう。夫婦の間に壁が無かったからこそ当たることができたのだ。

入院以来、税務署の方は御無沙汰していた。署員が見舞いを兼ねて報告に来るが、署長とはもはや名ばかりだった。

矢も楯もたまらなくなった池田は、昭和六年三月末日、病院を出た。宇都宮に直行し、署へ行って出勤簿に押印した。すぐに宇都宮の自宅へ帰り、翌日には病院へ戻った。クビにならないための強行軍であったが、二カ月後の昭和六年五月三十日、大蔵官僚池田勇人は休職の辞令を受けるのである。

休職を命ぜられた池田は、東京の妻の実家で療養していた。

病状はちっともよくならない。相も変わらず痒みと痛みが満身を支配した。しかもその折、同期の親友の訃報が届いた。

池田は妻を連れ立って、ミイラ男のまま車を飛ばし、仲間と最後の別れをした。そして亡骸を前にぽつりと言った。

「死ぬことを考えたらまだ俺は幸せだよ。俺は生きるよ。俺はきっと治ってみせるよ」

自分に言い聞かせるような口ぶりだった。

父の急逝、発病、休職、親友の他界……。

とめどなく不幸が続いた。なぜこれほどに、というほどだった。

しかし、まだ命があった。命ある限り、そして妻がいる限り、池田は幸せなのだ。不幸ではないのだ。

〈俺は幸せなんだ。必ず治るんだ〉

休職者は妻と手を取り合って、共に病と闘うことをあらためて誓った。直子も意を新たにした。

しかし池田の茨《いばら》の道は、まだ途上だったのである。


休職も十カ月になんなんとする昭和七年三月。

直子が上京中の親戚たちと買い物に行った日だった。その日は五高の同期も来た。夫と駄弁《だべ》り終えた旧友を、妻は玄関まで見送った。夜までは、何の変哲もない一日だった。

ところが夜中、形容し難い惨劇が、池田夫妻を襲ったのである。

深夜、突然、直子が血を吐いた。驚いた池田は医者を呼び、応急手当をしてもらった。妻は一旦回復し、夫も一安心して灯りを消したが、間もなくして脈が止まってしまった。池田は必死の思いで人工呼吸を試みた。

〈直子！　頼む！　目を開けてくれ！〉

夫の緊急処置は二時間近くも続いたが、直子は蘇らなかった。愛妻とのあまりに急な別れだった。

直子は看病疲れから、時折寝込むようになっていた。睡眠薬を服用した夜もあった。そしてこの晩――狭心症を発し、ついにこと切れてしまったのである。

愛妻を失った池田は見る影も無かった。未だ治らぬ難病以上に辛いものが、この世にあると初めて知った。自己嫌悪にも陥った。

〈直子は俺のせいで死んだんだ……〉

痒みと痛みを忘れさせるほどの悲しみであった。膿《うみ》を包むために巻かれたはずの包帯が、涙で滲んだ。

最愛の妻に先立たれた池田は、郷里吉名へと帰った。故郷で養生することにしたのだ。なお池田は、忽然と逝った直子のため、「忍ぶ草」と題する追悼集をものしている。

池田が里帰りしてしばらくすると、吉名一帯に不穏な噂が流れた。

「池田のぼんさんは腐っとる」というものだ。病に対する誤解と偏見のなせる業だった。

昭和八年五月には、休職期間が終了し、大蔵省を退官する羽目となった。

一心不乱に勉強し、せっかく入った大蔵省。

函館と宇都宮の税務署長として、たくさんの思い出がある大蔵省。

その大蔵省を、たったの八年で、去ることになったのである。

〈直子もいない。大蔵官僚でもなくなった。俺はこれから――〉

どう生きればいいのだ。痒みと痛みと悲しみの隣に、「不安」が加わった。

「運」を運んで来た女性

家族は治療に必死であった。「勇人の病気を治すためなら全財産を失ってもいい」と意気込んでいた。わけても母のうめは、息子のために五、六人の看護婦を雇い、気晴らしのためと芸人まで呼んだ。

だが、手厚い介護にもかかわらず、病状は変わらなかった。神仏に願をかけてもいたが、無論、効果など無い。しかも池田のわがままと癇癪《かんしゃく》で、看護婦はなかなか居つかなかった。終始付き添ったのは僅《わず》かに三人だけだった。

その中に、大貫満枝《おおぬきみつえ》という女性がいた。池田の親類にあたる女性だった。実家は医院で、満枝も医師を目指していたが、両親が亡くなり池田家に引き取られていた。この満枝が、やがて池田の幸運の女神となるのである。

満枝は率先して池田の看護にあたった。症状が症状だけに患者を忌避する看護婦もいたが、満枝は献身的に看病した。小豆から噴き出る膿を口で吸って処理したことまであったという。

満枝の世話の甲斐あって、ある日病状に異変が起きた。小豆が潰れて膿が出る、の繰り返しだったのに、常人の如く白い皮膚が広がってきたのだ。回復の兆しが現れたのだ。

息子の復調の気配を見て、母のうめは新四国八十八か所の巡礼を提案した。神仏の御加護で病気にとどめを刺そうというのだ。

まだ兆候だけなのに、と池田は躊躇した。

「足の指のかさぶたが痛くて草履もまともに履けないよ。それに軟膏とか包帯がみっともないからいいよ……」

けれど、うめは譲らなかった。

「いいえ、足に板切れを縛りつければ大丈夫」

ということで、親子はお遍路出発を断行した。

全身包帯白装束の池田は、出発後も「面倒くさい」「御利益がない」などとこぼしていたが、巡礼が終わると目に見えて病状は復調してきた。家で安静にしていた方が、より早く回復したと思わぬでもないが、ともかく難病は快方へ向かい始めたのである。

容体が好転してきた池田は、兄の勧めで株に手を出した。勝敗の方は詳《つまび》らかでないが、この経験を生かし、将来株に関する法律をつくることになる。

しかしその頃、病とは別の悩みが池田の頭を支配していた。

満枝に対する恋わずらいである。

甲斐甲斐しく世話を焼いてくれる縁者の娘に、池田は次第に惹かれていたのだ。満枝の方も、無骨な患者の根底にある善性を見抜き、思慕し始めていた。

けれど、この恋には家族の反対があった。直子さんに申し訳ない、等々の理由だ。とりわけ母は不服だった。うめは満枝を池田家から追い出した。

離れれば離れるほど慕情は沸く。池田はいじらしくも恋文を書き、「遠距離恋愛」を強行した。

「満枝に対する気持ちはただの惚れた腫れたとは違う。あれほど看病してくれた誠心誠意を認めてください」

と、母への説得も我慢強く続けた。実際、神仏よりも満枝の看護の方が、病状改善に寄与したであろう。実らぬ恋に業を煮やした御両人は、駆け落ちのような形で密会したこともあったという。

だが池田は頑固者だ。一高の方は初志貫徹できなかったがこちらはできた。花も嵐も踏み越えて、昭和十年一月六日、ついに患者と看護婦は結婚式に漕ぎつけたのである。

婚礼の日、兄は折れて出席したが、母は折れずに欠席した。しかし結婚後、毎週のように嫁は姑に手紙を書き、五年後に和解する次第となった。


満枝が来てから運が向いてきた池田だが、結婚式の少し前、もう一つの幸運がやって来た。大蔵省に復帰することができたのである。

全快した池田は、日立製作所への入社がほぼ内定していた。その件で上京した際に、古巣へ電話をかけた。この電話が池田に僥倖《ぎょうこう》をもたらしたのである。

「あ、もしもし？　池田ですが……」

「池田？　どちらの池田さん？」

「あの、前に函館と宇都宮で税務署長をやって、病気で辞めた池田ですが……」

「何？　あの池田？　お前生きてたのか！　あんな病気だからてっきり死んだかと思ったぞ！」

「いや、それが生きてたんですよ（笑）。ちょっと古巣が懐かしくなりまして、上京がてらに電話したんです」

「で、お前今後どうするんだ？　仕事はどうなってんだ？」

「いや、日立製作所の方にお世話になることになりまして……」

「待て、お前今どこにいるんだ？　何？　三越の前？　会いたいからちょっと来いよ」

電話の相手は、かつて一緒に飲み歩いた、先輩の松隈秀雄であった。

松隈を訪ねた池田は、まだ顔や手に病気の痕跡が残っていた。松隈は痛々しい後輩と旧交を温め、幹部連に引き合わせた。国税課長はじめ幹部らは、退職者に復職を奨励。池田も渡りに船と快諾し、めでたく大蔵省に戻ったのである。

池田が古巣に電話をかけた理由は、「懐かしさのあまり、ふと」という説と、「復帰の可能性を期待して」という説がある。

やはり、正解は後者であろう。

「小使いでもいいから大蔵省に戻りたい」

と、満枝に語っていた池田だ。「実家」への未練が、そう簡単に断ち切れたとは思えない。積極的に持ちかけたかどうかは別として、「もしかしたら――」との思いを秘めて受話器を取ったと見るのが自然だろう。

ところで、池田がすんなり復職できたのは、一人の男の存在が大きかった。

池田の四期後輩の、前尾繁三郎《まえおしげさぶろう》である。

前尾は肋膜炎を患い休職・退職したものの、その後復職したという前歴を持っていた。この後輩の件が前例となり、池田もすみやかに復帰できたというわけである。蔵書四万冊の教養人だった前尾は、のちに池田の盟友となり、政界でも共に手を携えていくことになる。

昭和九年十二月、池田は大阪の玉造税務署長に就任した。

休職から三年半、退職から一年半。発症からは四年以上の歳月が流れていた。

その間、実に色々な出来事があった。

父の他界、難病、休職、退職。

——そして。

直子の死。

一生分の不幸を、池田はこの数年のうちに味わったかのようだ。

しかし、素晴らしい出会いもあった。

満枝である。

新たな愛妻が現れてから、病気は回復し、大蔵省にも復帰できた。

〈俺は幸せなんだ〉

三度目の税務署長として大阪に向かう池田は、かつて親友の亡骸を前にそうしたように、己の幸せを確認した。

大蔵省を牛耳る

復帰後の池田は、遅れを取り戻そうと必死だった。

「俺は一度死んできたんだから、何でもやるよ」

「圧力釜」の異名をとるほど強気に税務行政に勤《いそ》しんだ。入省の頃、「こんな数字も知らないのか」と馬鹿にされて以来、数字の暗記を始めていた。今度も数字とにらめっこだ。こうした地道な勉強が、やがて「数字に強い男」として花開くのである。それにしても池田はあだ名を付けられ易い人物のようだ。

復職翌年の昭和十年四月には、和歌山税務署長を務める噂の前尾繁三郎と出会った。酒豪の二人は意気投合、次のように誓い合ったものである。

「君は主税局長をやれ。俺は国税課長をやるから」

ところが片方は総理大臣、もう片方は衆議院議長になるのだから、後世から見れば実に謙虚な「野望」だったのである。

だが未来の三権の長たちも、この当時、前途は厳しいものがあった。何しろ「出戻り」である。

池田は本省と地方を行き来した後、昭和十四年に経理課長となっている。国税課長の如き中心ポストではないものの、本省の課長である。同期の背中に手が届きつつあったと見えなくもない。

が、実態は——重要案件からは外され、結婚式に出ても後輩が上席に座るという有様だった。

のちに池田は秘書官だった伊藤昌哉に、

「重要会議が行われても俺を呼んでくれないんだ。俺一人ポツネンと取り残される。こん畜生と思った」

とその頃の悔しさを吐露している。

反主流というより非主流の池田は、下僚の中に入って行き、共に働き語らった。キャリアには見えない最前線の「現場」も見た。自分の食っていた冷や飯は、「高文組の中では冷や飯」にすぎないことも知った。税の勉強も続けた。数字もひたすら覚えた。省議では資料も見ずに計数を説明し、省内切ってのキレ者である、蔵相の賀屋興宣《かやおきのり》を唸らせた。

そうこうするうちに、「有言実行」の時が来た。昭和十六年十二月、国税課長に任命されたのだ。病に続き「冷遇」も克服したのである。

池田は早速、誓いの相手に電話をした。

「おい、なった！　なった！」

「なったって……何に？」

「国税課長、国税課長だよ！　俺は国税課長になったんだよ！」

前尾によると、池田は大臣や首相になったときですら、これほどの喜びは見せなかったそうだ。

昭和十九年三月には、東京財務局長を拝命した。

このとき池田は、結果として政界で栄達する糸口を掴んでいる。

東武の根津嘉一郎《ねづかいちろう》の遺産相続を「解決」したことが、五年後の蔵相就任につながるのである。

その顛末は以下のようなものだ。

根津の遺産を、遺族は根津美術館に寄付しようとしたが、税務署はこれに相続税をかける構えを見せた。そこで、根津家に近い日清紡の宮島清次郎《みやじませいじろう》やビール王の山本為三郎《やまもとためさぶろう》が、東京財務局長の池田に陳情。池田は根津側から出された相続内容を検討し、ほぼ無条件で呑んだ。五年後、宮島は池田の蔵相説を聞いたとき、「あのときの男なら面白い」と面接を経たうえで首相の吉田に推薦。晴れて「池田蔵相」が誕生した――。

この話は評論家の三鬼陽之助《みきようのすけ》が紹介し、池田と親しかった財界人の小林中《こばやしあたる》も同趣旨の説を述べている。池田自身も、三鬼がこの逸話を書いた際、「手心を加えたわけではないので誤解されかねない」と説教しつつも「あらすじとしては間違っていない」と追認したという。

「蔵相」は望外だったとしても、この「あらすじ」の根底に、政界進出の企図があったと見ることも可能だろう。有力財界人に貸しをつくり、政界入りの後押しだの、スポンサーだのを期待したのでは、という見方だ。

東京財務局の管轄には、大企業の本社が集中している。松本清張は「池田は税金操作で財界人と結びついた」と嘆いているが、税法がある以上、自在に「操作」できたとは思えないにしても、裁量の効く部分で「気を利かせた」ことはあるような気がする。根津家や宮島も、話し合いの余地ありと見たからこそ陳情したのだ。

遺産の処理が政治家になるための布石だったとするのは言い過ぎにしても、「こうしてつながりができるうちに、あるいは――」とは考えていたのではないだろうか。

それはさておき――「赤切符」で発車した池田号は、東京財務局長が終点と見なす向きもあったようだ。

が、終点はもっと先であった。

昭和二十年二月、主税局長に抜擢されたのである。

同期の何名かも局長ポストに就いていた。つまり、「出戻り」の池田は、完全に後れを取り戻したのである。

局長となって、議会へ出席する機会が増えた。ひいては政治家熱も高まったのか、「大政党の幹事長になりたい」と先述の放言をしたのもこの頃だ。

八月に終戦を迎えると、直後に池田はある行動をとった。

当時、迫りくる進駐軍から日本女性の貞操を守るため、内務省の主導で「特殊慰安施設協会」なる組織が創られた。資金調達に際し陳情を受けた主税局長は、「たとえ一億円かかっても、それで日本の女性が守れるなら安いものだ」と勧銀に口利きし、設立に尽力したのである。

綺麗事を排し、現実の中で物事を処理したこの行為は、役人というよりむしろ「政治家」である。

翌昭和二十一年一月には、公職追放の嵐が吹き荒れ、大蔵省も池田の同期で次官の山際正道らがパージされた。

政界も混乱が続いた。四月の総選挙で第一党となった日本自由党の鳩山一郎《はとやまいちろう》は、五月に組閣直前で追放された。鳩山に代わって外相の吉田茂《よしだしげる》が自由党に総裁就任含みで入党し、吉田内閣が発足。蔵相に東洋経済新報社の石橋湛山《いしばしたんざん》が就任した。

石橋はGHQにおもねらず、池田はその態度に感銘を受けた。石橋の方も、事務処理能力は今一つだが数字に強いこの局長を可愛がった。

そして、昭和二十二年二月六日、池田はついに次官へと上り詰めるのである。

一高東大ではなく五高京大。しかも休職・退官を経た「赤切符」。そんな池田が、事務方のトップに就いたのだ。

石橋が「赤切符」を登用したのは、池田が政界を目指していたからだという。主税局長をこなすうち、政治家志望が完全なものになっていたようだ。

エコノミスト大臣の真意を勘繰れば、「子分づくり」の意図もあったであろう。蔵相として人気を得ていた石橋が、「上」を狙うにあたって持ち駒を増やそうとしたということだ。政治家の発想とはそういうものである。

事実、池田は意気に感じ、石橋に対し

「今後あなたのためなら何でも致します」

と真顔で述べた。石橋が「泥棒をしてこいといわれればするかもしれない」と驚くほど殊勝だった。その後石橋が追放されたときなどは、新大臣に目もくれず、前任賛歌の演説を延々とぶった。来る者に媚びず去る者を仰いだ「赤切符」を、石橋は池田内閣発足時に新聞で評した。

「おべっか使いでなく心から忠実」「正直で純情」

と。池田と石橋の関係は、その後も紆余曲折を経ながら続くことになる。

ダミ声の主

後任の主税局長は前尾繁三郎が任命された。「局長と課長」と望みを誓った不遇の二人が、次官と局長を占めたのである。

ときに池田が次官となった五日前、運輸省では「佐藤栄作次官」が誕生していた。東大を出て運輸省へ入った佐藤は、課長クラスの頃池田と再会。在学中は没交渉だった同級生と交流するようになっていた。そして五十路を前にして、三十年前の同級生が再び同じ立場で並んだのである。しかも、今度は次官として。

次官会議をリードするのはこの同級生同士であった。閣議そこのけの勢いで、口角泡を飛ばして思うままを発言した。

また、次官ともなれば、政治家との接点もより増えてくる。

金を扱う役所だけに、池田新次官の許は、他省よりも議員の出入りが多かった。有力無力、玉石混交、様々な「選良」たちが様々な思惑をもって訪ねてきた。

池田は彼らを見て、及び話して、つまらん連中が多い、と呆れた。

〈皆同じような奴が多い。ほとんど石じゃないか〉

文化的素養の乏しそうな池田は、実は石に一家言持っていた。美術にも相応の見識があった。東山魁夷《ひがしやまかいい》の絵を気に入って、借用期限を延長してまで総理室に飾っていたほどだ。

そんな「鑑定家」の審美眼にかかっては、次々と現れるバッジ族なるものは、高飛車だろうとへつらおうと一皮むけば同じに映った。

〈面白くない〉

政治家は個性的、との通り相場を漫然と信じていただけに、実態はそうでもない、とわかると、少し残念な気もした。

〈俺の方が余程個性的だ。前尾だって、あんな読書家で大酒飲みで、連中よりよっぽど個性がある〉

すでに政治に志を持っていた池田は、「先輩」議員たちを腹の中で斬り、自信も得た。

しかし、あるときやってきた男は違っていた――。

外見からして違う。

髭を生やしているのだ。一見、老けて見えるが、よく見ると若そうなのに。

声もまた尋常ではなかった。極端なダミ声なのだ。一度聴いたら忘れられないほどの。

〈こいつは一体――〉

池田は目の前の男の目と髭を、交互に観察していた。

戦前は、髭を生やした政治家は、珍しくなかった。

それどころか、維新の元勲や、「大正デモクラシー」の政治家たちは、あらかた髭を生やしていた。

伊藤博文も、尾崎行雄も、皆立派な髭をたくわえていた。それが大物の証であるかのように。

戦後第二回目の総選挙で初当選した田中角栄も、髭を生やしていた。ただし、まだ大物ではなかったけれど。
しかし小物でも、大物に食い込む能力と、大物になるか見分ける能力は、すでにして非凡なものを持っていた。

昭和二十二年五月、角栄が属する民主党は、連立問題で揉めていた。比較第一党だった社会党は、自由党、民主党、国民協同党との連立政権を模索。だが自由党は、社会党との折り合いがつかず不参加を決定し、民主党も意見が二分し混乱していた。片方は自由党との連携を優先し、もう片方は連立に前向きだった。前者の代表は前首相の幣原喜重郎《しではらきじゅうろう》、後者のそれは芦田《あしだ》均《ひとし》だ。結局、民主党は連立に踏み切って、社会党の片山哲《かたやまてつ》を首班とする三党連立内閣が発足した。

角栄は幣原派に与していた。連立問題を通じ幣原の懐に入り込み、前総理を師として「総理への道」を歩み始めたのである。

潤沢な資金を持つ土建屋は、幣原派の資金の面倒を見た。
兵站《へいたん》の弱い軍隊は弱い。角栄は、政治家の急所は選挙であると、そして選挙には金が必要であると、早くも真理を見抜いていた。

そうした「気の利く」小物を、大物・幣原もうい奴だと目をかけた。幣原もまた、髭を生やしていた。

片山内閣発足四カ月後、石炭の国家管理を図る「炭鉱国家管理法」が可決された。法案に反対していた角栄ら幣原派は脱党し、「同志クラブ」を結成。角栄はここでも金集めを担当し、幣原に重ねて「貸し」をつくることになった。

同志クラブは翌昭和二十三年三月、無所属議員らと民主クラブを結成し、間を置かず自由党と合流。吉田茂を総裁とする民主自由党を結党した。

角栄は新党の選挙部長に就任。異例の抜擢の背後には、幣原の意向が見え隠れする。「貸し」は返されたということだ。

ところで角栄は結党直後、興味深い行動をとっている。

「院外団」のもとへ挨拶に行ったのである。

――院外団とは、議席を持たない「政治活動家」たちが、その名の通り「院外」で活動する組織である。議会の始まった明治二十三年に、自由民権運動の流れを汲む壮士を中心に結成され、その後いくつもの組織が誕生した。時として腕力に訴える「武闘派」の面を持ち、選挙や党内抗争のたびに「活躍」した。戦後、政党の近代化に伴い衰亡していくが、戦前はそれなりに「有力」な存在で、例えば星亨《ほしとおる》は「院外団を押さえている」ことが力の源泉の一つであった。大野伴睦《おおのばんぼく》は院外団から伸したという来歴で有名である――。

角栄は猛者たちの部屋へずかずかと入って行った。場所柄、遠慮は無用である。むしろ上品さなど禁物だ。

「ヤアヤア。民主クラブから来た田中といいます。新潟三区の当選一回です。今日は皆さんにお土産を持って来たんだ」

「そりゃどうも。で、何です？　お土産って」

角栄のお土産といえば、「実弾」か何かではと勘繰ってしまうが、それは存外なものだった。

「これ、またたびの漬物。越後名物だ」

「へぇ〜。またたびって、猫の好物かと思ってたけど、政治家も食うんだ」

「アハハ。ま、食ってみろ。元気が出るぞ」

このお土産はつわものたちに好評だったのか、角栄はその後もちょくちょくまたたびを手に院外団を訪れたという。角栄の元気さの源が、猫の好物だったとは意外である。

幣原に食い込み院外団にも唾をつけた角栄は、不当財産取引調査特別委員会理事として、院内の方でも活躍していた。

目を引くのは、やがて疑獄事件で名を馳せる角栄が、「政治とカネ」の問題を鋭く追及している点だ。特に辻嘉六《つじかろく》をめぐる献金事件の喚問に際しては、証人の事業家に対し、「あなた個人で出したのか、法人で出したのか。法人から出したなら必ず伝票があり、そこに支払先や要項が記載されているはずだ」と土建業者ならではの巧みな切り口を見せている。

辻嘉六とは政界の黒幕として通っていた人物だ。戦後の保守党史は終戦の年に結成された日本自由党と日本進歩党によって始まるが、前者の結党にも影響力を発揮した。上海で軍需物資調達機関を主宰し、多額の財産を築いた児玉誉士夫《こだまよしお》が、辻を介して結党資金を提供したのである。

辻は児玉源太郎の私兵を皮切りに、政界人脈を広げ実力者となった。人脈の中心は原敬ら政友会で、「政友会の嫡子」といわれた自由党総裁鳩山一郎とも昵懇《じっこん》だった。進歩党結党に際しても、戦争で儲けた角栄が関与しているが、両党とも「戦時利得」を原資に出発しているわけである。

時代が二人を待っていた

新人時代の角栄は、極めて重要な出会いをしている。それも、いくつもの――。

まず、不当財産取引調査特別委員会の仕事を通じ、大蔵省主税局長と知り合った。池田が大蔵省へ復帰するときの前例となった、あの前尾繁三郎である。

次いで、次官とも知り合った。

〈大蔵次官とはどんなものか〉

角栄は、会う前から、その人物を見極めようと躍起だった。

無論、一度や二度接したところで、本質がわかるはずもない。話しぶりや表情を穴のあくほど見ようとも、「人間」なる複雑な存在の全体像を掴むことなどできない。「会えばわかる」などといっても、わかるのはほんの一部だ。『わかった』の角さん」といわれせっかちな角栄も、そんなことは百も承知していた。

〈だが、氷山の一角であろうとも、そこから何か手掛かりが――〉

掴めるのではないかと、角栄は思いを巡らせていた。そもそも氷山の一角同士の触れ合いで、社会は成り立っているのだから。

問題の次官は、髭はたくわえていなかった。代わりに眼鏡をかけていた。

容貌は、可もなく不可もなし、といった具合で、取り立てて言うほどのものはない。ただ、角栄より十九歳も年長ゆえ、「大人」の雰囲気がした。

体格は堂々たるもので、角栄は目線を少し上に向けた。

声はガラガラしていた。ヘビースモーカーだな、と角栄は当たりをつけた。

そのガラガラ声から発せられる話の中身に、角栄は仰天した。

「語句」が少ない。その代わり、「数字」がやたらと多い。

「昭和二十二年度の一般会計は歳入二千百四十五億で歳出二千五十八億……」

こんな調子で、細かい数字がぽんぽん飛び出すのだ。財政に関する数字は全て記憶しているらしい。「数字の田中」と呼ばれ、数字には滅法強かった角栄も、これには圧倒された。

――さすが、大蔵省は大変な人物がいるものだ！

氷山の一角ですらこの様子では、水面下の部分はもっと大きなものが隠れているに違いない。

小学生のときの恩師・草間先生から暗記の大切さを学んでいた角栄は、その次官――池田勇人――の名前を、脳味噌に力強く刻んだ。

一方、池田も。

〈ちょっと一味違う男だ〉

角栄と触れ、他の議員とは異なる印象を抱いた。

俺に会いに来た意図は同じだろう。俺、ではなく「大蔵次官」と顔見知りになっておけば、何かと好都合だ、という腹積もりだろう。

〈ただ、何かが違う〉

外見や声もだが、単なる人脈づくりで来た気がしない。俺、とも親しくなろうとしている気がした。

物言いも、はっきりしていて、どちらともとれる言い方ではなかった。玉虫色の表現を使いたがる、凡百の議員とは違っていた。いささかどぎつい感じもしたが。

池田もまた、「人間」がすぐにわかるとは思っていなかった。

病床で様々なことを考えた。見舞客の中にも、興味本位で来たのでは、と思える者が一部いた。

復帰後の不遇時代には、下僚たちの悲哀も見た。「能力」とはそれぞれだということも知った。有能な者が、必ずしも所を得ていないということも。

重要会議に呼ばれぬ自分を蔑んでいた連中が、局長、次官になった途端、揉み手をして近づいて来る。露骨であろうとさりげなくであろうと、結局、等しく見えた。

〈俺だって、どれだけ誤解されてきたことか――〉

池田は短絡的に人を判断しなかった。少し会っただけの相手を「見抜いた」などとする手合いを軽蔑さえしていた。

それでも、ウマが合う合わない、というのは、当然ある。

ダミ声の男とは、何とはなしにウマが合った。曖昧な言い方をしないところも気に入った。若干、下品ではあったが。

〈俺とは気が合いそうだ〉

角栄が、自分の数字の強さに驚いているところも、気持ち良かった。こいつは数字の重要性を知っている。

――田中角栄か。

大蔵次官は、チョビ髭の名を、しかと覚えた。

群雄割拠《ぐんゆうかっきょ》

池田と出会った後、田中土建の関係で、角栄は大蔵官僚の大平正芳《おおひらまさよし》とも面識を得た。

大平は当時、経済安定本部の公共事業課長に出向していた。角栄が事業の関係でここに出入りするうち、二人は顔馴染みになったのだ。

大平は角栄より八歳年長だった。互いの家が近かったこともあり、二人は自然と親しくなった。

言葉を交わすにつれ、大平は文学や哲学に通じているとわかった。文学好きの角栄は、大平と話すのが楽しくなった。しかもこの眠そうな顔をした官僚は、自然科学にまで詳しかった。思考も深い。

〈ボーっとした顔をしているが、緻密な男だ。話せば何でもわかる感じだ〉

聞き上手な点も良かった。ただ、話の合間に、やたらと「アー」とか「ウー」とか入るのが気になったけれど。

大平は池田とも近かった。しかも、見かけによらず直言するタイプだった。池田が次官になる際は、

「あなたは税金ばかりやってきて、次官の柄じゃない。おやめなさい」

などと反対した。

「諫言《かんげん》」を聞かず次官に就任したものの、池田は大平を可愛がり、人恋しくなると真っ先に呼ぶ名前が「大平」だったという。


政界を視野に入れていた池田には、地元からも「出馬待望論」が起きていた。

「早く次官を辞めて選挙に出てくれ」

彼らは口々に言った。

池田の方も、満更でもないどころか出る気満々であったが、一応はお茶を濁していた。

「まあ、時期が来たら、いずれ――」

出たい人より出したい人を、という。自分もそうなってきたと、「出戻り」の次官は御満悦であった。

当時、石橋湛山は追放され、大蔵大臣は矢野庄太郎《やのしょうたろう》、栗栖赳夫《くるすたけお》と続いた。政務次官には小坂《こさか》善太郎《ぜんたろう》が就いていた。

池田は小坂にズバリ言ったものである。

「今度選挙があれば郷里の広島から打って出て、もちろん当選するから幹事長になる」

意気まさに天を衝いていた。しばしば吉名へ帰省し、反りが合わなかった栗栖に「選挙工作ですか」と皮肉られたこともある。

しかし、池田の前に、一つ障害があった。

母のうめが出馬に反対だったのである。

「政治家は井戸塀になるんだから、親族に迷惑をかけちゃいけない。私の目の黒いうちは絶対に政界に出ちゃいけない」

望月圭介らが財産を食い潰し、一族まで斜陽になっていく有様を見ていたうめは、息子の立候補に賛成しなかった。

だが次官になって半年後、母が亡くなった。

すると、胃癌に冒されていた兄の斉三が、遺言のように言った。

「皆さんにそう言って勧められるなら、お前やってみろ」

当主の了解を得た池田は、昭和二十三年三月十日付で、大蔵省を退官した。今度は病気でなく、政治家になるための退職であった。

〈赤切符の俺が大蔵省で天下を取った。今度は政界で……〉

大蔵省の門を出た池田の前には、大海原が広がっていた。

民主自由党広島支部長として、新天地へと出帆したのである。

幣原に寵愛《ちょうあい》され、池田、前尾、大平とも知り合った角栄は、吉田茂の知遇も得ていた。が、そのきっかけは詳らかでない。

幣原の紹介という説、選挙部長として全選挙区の詳細な分析をしたからだという説。あるいは吉田行きつけの新橋の置屋へ通い、芸者を通じて自らを売り込んだという説。芸者衆を上座に座らせ浪花節を唸ってチップをはずみ、それを数日間繰り返して吉田に己の存在を知らしめたとするものだ。これはある政府高官が調べたとする説で、一番有力だと思えるが、断定はできない。

世間一般で通っているのは、「小説吉田学校」で知られる「山崎首班」の件である。

昭和二十三年三月に、片山内閣が八カ月で崩壊し、芦田均内閣が誕生。だが芦田内閣も昭和電工事件で倒れ、民自党総裁の吉田茂が首相になるかと思われた。

しかし、吉田はGHQの一方から強い反感を買っていた。そこで占領軍は、吉田でなく幹事長の山崎猛が首班となるよう画策し、自由党内部にもその動きが広がった。総務会で「山崎首班」の流れができつつあった際、若き総務の角栄が立ち上がった。

「内政干渉だ！　吉田首班が憲政の常道だっ！」

これで反吉田の流れがせき止められ、すんなり吉田首班に決まったというのである。

この説には異論が多々あるが、その後に誕生した第二次吉田内閣で、角栄は法務政務次官に抜擢されている。巷間伝わる「角栄が山崎首班を潰した」というのは大げさにしても、一翼を担ったとはいえるのだろう。

弱冠三十歳で政務次官となった角栄は、田中土建顧問の白根松介の家へ、朝一番飛んで行った。白根は小佐野賢治とも近い関係にある元宮内省次官である。

「白根さん！　法務政務次官になったよ！」

「ホウ……当選一回でまだ若いのに……そりゃ良かった」

「この調子でどんどん上に登って見せますよ！」

また、この内閣では、佐藤栄作が非議員ながら官房長官に就任した。佐藤も池田同様運輸省を退官し、次期総選挙に向け出馬の準備を進めていたが、議席を得る前に大役を仰せつかったのである。

佐藤は組閣の際、池田を吉田に引き合わせた。蔵相ポストがなかなか決まらなかったため、因縁深い級友を、候補者として推薦したのである。

だが蔵相まで議席が無いのはよろしくない、と横槍が入った。結局池田の入閣はならず、吉田もこのときは未来の愛弟子をまともに認識しなかったようだ。

角栄は以前より佐藤の名を仄聞《そくぶん》していた。田中土建顧問で満鉄の副総裁だった八田嘉明《はったよしあき》が、満州時代に岸信介を知っており、その縁で弟の佐藤のことも聞いていたのである。

ノーバッジの官房長官には党内の抵抗が強かった。角栄も尻馬に乗り佐藤批判の言説をとっていた。が、吉田の寵《ちょう》を受けている人物だ。いずれバッジを付けて立身するに相違ない。

〈会っておかなければならない男だろう〉

政府で事務的に言葉を交わすだけでは駄目だ。一対一で会わなければ。機会を窺《うかが》いサシで対面した。

佐藤も印象的な人士だった。

何より威厳がある。あり過ぎて、損をしそうな感じさえ抱かせた。近くで眺めていたときもそう思ったが、面と向かうとより凄まじい。

その原因は眼にあった。

ギョロ目で、眼光が鋭い。射すくめられるようだった。

話しぶりは慎重で、いかにも官僚的だった。池田のように、面白いが脱線する、ということは無さそうだった。自分からはあまり喋らず、人に喋らせることを重視しているようだった。

〈大平とはまた違った聞き上手なタイプかな〉

角栄は脳裏で対決させた。開いているのか閉じているのかわからぬ大平の目と、眼前のギョロ目とを。好感度は大平に軍配が上がった。

〈しかし、この威厳、貫禄……〉

バッジは無いが、すでにして政治家ではないか、と角栄は思った。それも大物の。

〈政治家になったら、やはり大きな存在になりそうだ〉

ただ、角栄は、佐藤と会った後、「ジワァ……」と汗が流れた。

元々汗っかきではあるが、ここまで汗をかくことはあまりない。幣原喜重郎や吉田茂と会うときも、背筋は伸びるが汗はかかなかった。

〈ちょっと窮屈だな〉

佐藤と会った帰り道、角栄のハンカチはびっしょり濡れていた。

さて、政務次官となった角栄は、鼻高々だった。ついこの間まで成り金の土建屋だった若輩が、政府の床下に潜り込んだのだ。

「お中元」と称して周囲の議員に金も配った。角栄はまだ新人だ。周囲といっても皆先輩か同輩だ。後輩はいない。にもかかわらず「実弾」を放ち、受けとるか否《いな》か踏み絵を踏ませていたのである。

また角栄は、全国の政治家の経歴等を綴った人別帳まで自作した。「国会便覧」が最初に出たのは昭和二十九年である。その何年も前に、この新米は、手作りの名鑑で同僚たちの「個人情報」の把握に努めていたのだ。

さらには「組閣」にまで口を出した。

同期の根本龍太郎、吉田の女婿麻生太賀吉《あそうたかきち》を巻き込んで、池田を大蔵大臣にしようと「運動」し始めたのである。

角栄は邂逅のとき以来、何度か池田の所を訪れていた。懇意になったわけではないが、池田の財政観、殊《こと》に数字の強さに魅せられていた。

角栄の語るところでは、始動は池田が選挙に出る前からだという。おそらくこの嗅覚に長けた新人は、佐藤が池田を蔵相候補に推薦した話を耳にしたのだろう。そこで、池田に食い込むため、先手を打つ形で動き出したのだと思われる。

〈佐藤を官房長官に据えたことからして、池田はいずれ蔵相になる。なれなくても、大蔵次官に「貸し」をつくって損はない……〉

新進気鋭の政務次官は、「政治」が面白くてしょうがないといった風情で、「池田蔵相」の実現へ向け知恵を絞っていた。

ところが、出る杭は打たれるものなのか——。

順風満帆だった角栄の航路に、思わぬ荒波が迫って来た。前年の炭鉱管理法案をめぐり、反対派の議員に金品が渡されていたとの疑惑が浮上したのである。

法案反対の尖兵だった角栄にも捜査の手は伸び、政務次官辞任へ追い込まれた。この際本人の了解なく辞任が決められ、怒った角栄は佐藤に談判して発表を遅らせた。佐藤の配慮に角栄は感じ入り、この二人の距離はぐっと縮まったものである。

角栄は、業者からの金銭受理は認めていたものの、田中土建の工事代金だと主張していた。

〈ここで捕まってたまるか……〉

初回の選挙で落選し、やっとの思いで掴んだ衆議院議員の座。それを簡単に手放してたまるかと、「前」となった政務次官はもがいていた。

想像をたくましくすれば、角栄は捜査に「口出し」するため法務庁を選んだと見えなくもない。実際、そう見る論者もいる。

捜査は就任三カ月前あたりから始まっている。名前は出ずとも不吉な予感を覚え、攻撃は最大の防御なりと「敵陣」へ乗り込んだのだろうか。現に角栄は、法務省幹部に対し、担当検事の素性などを執拗に聞いている。

当時の新聞を確認すると、発令三日前の内定段階では「逓信《ていしん》　田中角栄」と報じられている。蓋を開けてみれば「法務」だから、直前に何かを掴んだか、あるいは勘が働いたか、俄かに「担当省庁」を望んだ跡を見て取れなくもない。

ただ、内定報道では法務のみ「未定」とあり、他の政務次官も内定と発令では一部変更がある。〝指揮権発動〟狙いと見るのは穿ち過ぎで、単なるポストの入れ替えかもしれないが、「邪推」を喚起させるのは、角栄の「実績」と「引力」のなせる業であろう。ちなみに逓信政務次官となったのは、娘・真紀子の夫である田中直紀の実父・鈴木直人である。

角栄の不安を尻目に捜査は進んだ。とどのつまり昭和二十三年十二月十三日――角栄は逮捕され、小菅拘置所に収監された。しかも十日後衆議院は解散され、選挙となってしまったのである。

第三章　豪腕と野望

獄中から立候補

大蔵省を辞めた池田は、選挙に向けて奔走していた。

池田の戦地広島二区は、山と島の選挙区である。大蔵省の頂点を極めた男が仲間と共に自転車に乗り、同窓生や先輩たちに頼んで回った。満枝もモンペ姿で頭を下げてお願いに歩いた。

戦いの日が刻一刻と迫る中、「角栄逮捕」の報が候補者の許へ届いた。

〈あの男……〉

池田は角栄のチョビ髭を想起した。ダミ声も耳元に響いてきた。

〈危なっかしい感じはしたが、まさか逮捕とは……〉

少し下品ではあるけれど、俺と同じで数字に強いし、言い知れぬ魅力のある男だった。当選したら、何かと力になってくれそうな感じがした。目立つ所には置けないが、置き場所によっては異彩を放つ石になりそうだった。

〈あの男、次の選挙ではどうなるのだろう〉

自分も初挑戦の身ゆえ他人の心配をする余裕など無いが、池田は角栄の今後が気になった。

〈永田町で再会できなかったら、それまでの縁ということか――〉

池田は来たる選挙戦が、自分と角栄の運命を決めると思った。

その直後、衆議院解散となり、池田と角栄の運命を決定する日が明らかになった。

その日――日本国憲法下初の衆議院総選挙の投票日――は、昭和二十四年一月二十三日であった。


前法務政務次官は、小菅の天井を見ながら自問自答していた。

〈立候補すべきか、否か――〉

が、答えは初めから決まっていた。

「立候補」である。

こんなことで断念などするものか、負けてなるものか、と燃えていた。そもそも「冤罪」だと思っているから「反省」もしていない。闘志満々であった。

だが支持者の問題があった。政治家が本当に恐ろしいのは先輩議員でも役人でもない。有権者だ。それも馴染みのある、顔の見える支持者たちだ。人の顔と名前を覚える達人であろうと、有権者全員を記憶するなど不可能だ。自然、「有権者の声」とは「認識している支持者」の声となる。資金や票の面倒を見てくれる、地元有力者たちの声だ。政治家がよく言う「地元の意見を聞いてみると……」の「意見」とは、政治活動に積極的な一部有権者の意見のことである。

ちなみに一人の声を「地元のみんなが言ってる」などと誇張する議員も多い。

監獄の角栄は、最大の支持基盤である理研の幹部に進退を伺った。

幹部の意見は
「獄中でも立候補できる。まずは保釈の手続きをとれ」

だった。

――よし！

角栄は我が意を得たりと地元支持者に電報を打った。獄中からの出馬表明であった。

民自党の公認は得られなかったが推薦は受けた。投票日十日前に保釈され、おっとり刀で選挙区へ向かった。幸いにして、豪雪のため他の候補の動きは鈍かった。

〈勝てば、俺はシロになる。潔白になる。裁判以上に選挙が重要だ。当選すれば俺は胸を張れるのだ〉

角栄は吹雪に立ち向かった。線路伝いに演説会へと足を運び、列車が来ると橋ゲタにぶら下がって難を逃れた。演説会で言葉に詰まると浪花節で切り抜けた。「田中角栄小菅日記」をも披露した。熱意のせいか「歌唱力」のせいか、投票日を迎える頃には有権者の反応が見違えて良くなっていた。

〈この分ならイケる。この分ならイケるぞ！〉

のちの選挙の神様は、十分な手応えを感じ取っていた。

両雄、豪腕当選

昭和二十四年一月二十三日。

その日は審判の日だった。

広島二区から初立候補の池田勇人と新潟三区から再選を期す田中角栄。

二人の命運が決まる日だった。

佐藤栄作も山口二区から、前尾繁三郎も京都二区から出馬していた。

投票日の夕方、角栄は幹事長室を訪れた。幹事長は「和尚」と呼ばれた坊主崩れの広川弘禅である。

角栄は幹事長を前に言い切った。

「上手く行けば二番、まずくても四番。絶対当選するっ！」

「和尚」は半ば呆れながら返してきた。

「お前は強いなあ……雑草みたいな奴だ」

幹事長室には続々と情報が入ってくる。民自党は快調だ。広川は相好を崩していた。

が、角栄は気が気でなかった。居ても立っても居られなかった。強気と弱気が錯綜していた。

〈いや、俺はイケる！　絶対に当選する！〉

頭をもたげる不安を振り払っているうちに、「判決」が下った。

新潟三区の田中角栄候補は――。

二位で当選だった。

「冤罪」は晴れたのだ。

凱歌をあげた角栄は、連日の酷使で度を増したダミ声を振り絞り、獣さながらに叫んだ。

「潔白との主張が認められた！」

――政治家の進退を決めるのは裁判ではない。ましてや新聞でもない。「国民」が決めるのだ。そして国民の「意思」とは選挙なのだ。

それが、角栄の理屈だった。


池田のノドも疲れていた。

馴れぬ演説を繰り返したせいで、ガラガラ声がさらに荒れていた。当時記者で、選挙中取材に来た未来の秘書官伊藤昌哉へ言ったものだ。

「演説でノドをやられてネ」

選挙戦の第一声は吉名小学校であげた。百人近くの村人が集まった。池田は日本の現状と将来について一席ぶった。さすが、大蔵官僚だけあって、誠に立派な内容だった。

けれど、場内はといえば、あっちもこっちも静まり返っていた。元大蔵次官の説法は、高邁《こうまい》過ぎて一般大衆にはわからなかったのだ。

視察に来ていた大蔵省の後輩が、これではいかんと合いの手を入れると、やにわに皆が振り向いてきた。後輩は居たたまれなくなって外へ逃げたが、池田は「援軍」に恩義を感じ、バッジを付けると合いの手の主を国税庁長官に起用した。

難解な話だけでなく、「当選したら大蔵大臣をやりたい」「幹事長をやりたい」などと脱線することもあった。すると今度は会場が沸いた。人はやっぱり人事の話が好きなのだ。受け狙いでなく思いつくまま喋ったただけだが、気を良くして大仰な話をぶちまくった。

広島二区は定数四名に九人が立っていた。民自党は定数一杯の四人を公認していたが、皆新人だった。他党も含め、「大蔵次官」は飛び抜けて大物の候補者だった。

〈大丈夫だろう〉

開票を待つ池田は楽観していた。

〈選挙も大変だが、あの病気に較べれば……〉

たいしたことではなかった。池田は知っていた。世の中、選挙などより大変なことがたくさんある、と。落選の不安より、知らない世界へ出る緊張感の方が強かった。

やがて、広島二区の結果が出た。

六万一千票あまりを獲得し、トップ当選だった。

元大蔵次官の地盤はその後も盤石で、通算七度の選挙を全て一位で飾ることになる。

〈まだ入り口に立っただけだ。これからが本番だ〉

池田の頭は当選の喜びよりも永田町での行く末に支配されていた。

ふと、別の選挙区の行方が気になった。

まず、山口二区の佐藤栄作。

同級生もトップ当選していた。

〈また、奴と同級生か……〉

池田は嬉しかった。仲間は一人でも多い方がよい。吉田に自分を売り込んでくれた佐藤は、間違いなく仲間だ。あの名古屋の受験の日々を反芻《はんすう》した。

次に、京都二区の前尾繁三郎。

やはり、当選だった。ただし、五人中三位だった。

〈あいつらしくていい。じわじわ本領を発揮していくだろう〉

同じ大蔵省の釜の飯を食い、退官出戻りコースも一緒だった盟友の当選を、池田は自分のことのように喜んだ。

——もう一人、いた。

何かと気になる男。

党人には珍しく、数字の重要性を知っている男。

「次官」だけでなく「俺」とも近づこうとした男。

〈あの男は……〉

池田の目は新潟の結果に注がれた。

一区、二区……。

名前が無かった。

〈そうか、あの男は、確か三区……〉

経済数値を見るときの如く真剣に、新潟三区の名前を追った。

あった。

視線を少し横へずらし、得票数を見た。

新潟三区で四万二千票あまり取っていた。

二位で当選だった。

〈あの男とは縁があるみたいだ〉

池田は嬉しいというより、なぜかホッとして、あの男——田中角栄——と再会する場面を想像した。

「池田蔵相誕生」に角栄、大奔走

再び赤絨毯を踏んだ角栄は、かねてからの画策を再開した。

池田勇人を大蔵大臣に据えるのである。

〈大蔵省に影響力を持つ男にもっと近づければ俺も浮上できる——〉

今回の選挙で民自党は二百六十四議席を獲得し、劇的な大勝を収めていた。中でも官僚出身者が大量に進出し、「吉田学校」といわれた勢力を築いた。いうまでもなくその中心は、大蔵省の池田勇人、運輸省の佐藤栄作である。池田に貸しをつくれば角栄も波に乗れるはずだった。

角栄は根本龍太郎《ねもとりゅうたろう》、麻生太賀吉に加え、佐藤をも巻き込んで「池田蔵相」へと動いた。佐藤を「謀議」に入れたのは、当時官房長官だったため、動きに「正統性」を持たせるためであろう。と同時に、池田と等しく将来性のある佐藤に、「外された」との思いを抱かせてはまずいと考えたのだろう。

四人は帝国ホテルなどで会合を重ね、吉田には麻生が「税の専門家」だからと吹き込んだ。次いでこの「人事構想」を、御当人に伝えるべく、池田の家で五人交えて会う手筈となる。だが佐藤は来なかった。新人同士とはいえ自分は官房長官だ、無役の池田の所に行けるか、ということだ。

「友人」が同じ職場になることは、時として困難を伴うものである。それまで異なっていた評価基準や人脈が重なり、「どちらが上か」を意識するようになりがちだ。遠慮だの、対抗心だのが芽生え出し、隙間風が吹き始めるケースも少なくない。

政界の同級生同士もまた然りで、表面的関係すら維持できず、絶縁に至った例もある。先だっては池田を蔵相に推した佐藤も、官房長官を務めるうち先輩意識が湧き上がり、「向こうから会いに来るのが筋」と思ったのだろう。加えて前回は「自分だけが」池田を推薦していたが、今回は「自分らが」となってしまっているのも気に食わなかったのではないか。

――池田を蔵相にと言い出したのは俺なのに、何でこいつらが後から。

付和雷同したがる一方で、政治家は「独創性」に甚《はなは》だこだわる。あの件は俺が、この件も俺が、とかまびすしい。「池田蔵相」説の元祖である佐藤が、そもそも角栄らが蠢《うごめ》くこと自体、不快な印象を持っていた可能性もあるだろう。

角栄ら三人は、「新蔵相」と相対し、まず当選祝いの言葉を述べた。もとより明るい面々だ。選挙の労苦などを語り合い、場が和んだ。

つと、角栄は切り出した。

「――ときに池田さん、あなた、大蔵大臣にならないか?」

「……?」

池田はきょとんとするばかりだ。何を言ってるんだ、という様子だ。

「いや、実は俺たち三人で、あんたを大蔵大臣にしようと話しているんだ。それで、あんたにも覚悟を決めてもらいたいと思って、今日来たんだ」

「いきなり何だ、三人とも俺をからかいに来たのか?」

「違う。俺たちがあんたをからかって、何の得があるっていうんだ。本気だ、本気だよ、俺たちは」

「……だけどそんなもん、俺がなれるわけがない……だって当選したばっかりじゃないか。前に佐藤が言ってくれたときだってダメだったし、現に色んな人の名前が挙がってるようだし」

「いや、我々はもう吉田さんにも吹き込んでるんだ。今の時期は税金に強い池田さんしかいないって。だから、あなた、心の準備をしておきなさい」

「……」

池田は三人が帰った後も半信半疑でいた。いや「疑」がほとんどだった。「全て」ではないのは、吉田女婿の麻生がいたからだった。角栄や根本が動いたところでどうなるものでもないだろう。が、麻生が動くとなれば、ひょっとすると――とは思った。

〈それにしても、あの男……〉

俺に近づきたがっているのは察していたが、こういうやり方で来るとは。やりすぎだとは思うが、麻生を味方に付けているあたり、やはり、ただ者ではない。麻生を通じてなのか知らないが、吉田御大にもお目通りがかなっているらしい。

〈真ん中には置けないが、端には置ける石だ――〉

池田は角栄を庭石に例えていた。

未来の大将の下《もと》で

角栄らが「組閣」に走り回っている頃。

もっと次元の高い所で、「池田蔵相」の話が進んでいた。

前出の宮島清次郎の線から「池田を大蔵大臣に」との声が出ていたのである。

重要ポストの蔵相には多方面からとりどりの名が挙がっていた。いずれも非議員である。吉田本人も非議員が念頭にあったのか、小林中によると、はじめ日銀総裁の一万田尚登《いちまだひさと》に声をかけたという。ところが一万田は「GHQと相談する」などと答えた。吉田は「自分の身の振り方を占領軍に相談する腑抜けはいらん」と激怒。大学の同期である日清紡会長の宮島に相談した。

宮島の頭にはまず三井の向井忠晴が浮かんだ。だが向井は公職追放されていた。他も検討してみたが、これはと思う人物は皆追放中だった。

困った宮島は社長の桜田武に相談した。すると桜田は「私の故郷の広島県人で、大蔵次官をやった池田勇人がいる」と池田の名前を出した。宮島は根津相続の件で池田と会ったことを忘れていたが、あのとき同道した山本為三郎から「根津家の相続を処理した男だ」と指摘され、「なるほど、あれなら面白い」と賛成した。

しかし、事は経済の舵取り役たる蔵相だ。単なる「恩義」だけで推すわけにはいかない。そこで宮島は池田を呼び、桜田同席のもと一時間近くも面接した。

質問は経済問題から共産党対策まで多岐に渡ったが、池田はどれもすらすらと答えた。力量の方も申し分ないと見た宮島は、「大蔵大臣をやってもらいたい」と面接の真意を明かした。池田は「私に全部お任せ下さればやりましょう」と大見得を切り、その自信も頼もしいと見た宮島は、面接後、ただちに吉田へ連絡し、池田を推薦したのである。

ところで、「池田を蔵相にしたのは僕と根本と麻生」と豪語する角栄は、宮島方面の動きを掴んでいたか――。

進行中は知らなかったかもしれない。だが、いざ決まる段では、「宮島も池田を推した」と知っていたのではないか。宮島は池田に口止めするなど秘密裏に動いたが、人事の話は推挽者が誰かも含め、真偽ないまぜでいつの間にか漏れるものである。

実際、角栄はのちに「池田蔵相」の経緯を語っているが、GHQが誰それを指名した、幣原が誰彼を推奨した、等々実に詳しい。それだけアンテナを張っていたということだ。宮島が池田を推挙したことも、発表前から知っていた可能性が極めて高い。

ところが角栄は、その際宮島の名に触れていない。宮島が池田を推した話は政界の常識であるにもかかわらず、だ。

なぜか。答えは簡単だ。それが決定的なものであったからである。宮島が推挙した話を出してしまうと、定説を追認することになりかねず、自分たちの活動が「前座」に過ぎなかったと認める羽目となるからだ。

角栄らが宮島方面のメッセンジャー役だった可能性は皆無だろう。宮島は面接直後に吉田へ連絡し、池田を推薦している。間に人を立てた形跡は無い。それに宮島陣営の先鋒を担っていたなら「宮島さんから頼まれた」と大々的に自慢するはずである。

空前絶後の存在だけに、角栄は幾多の神話に彩られた政治家だ。「貧乏」「低学歴」「終戦後朝鮮に全財産を寄付した」「山崎首班を潰した」……。角栄自身がせっせと神話づくりをしたフシもある。「池田蔵相を誕生させた」もその一つだ。根本は「本気で池田を推した」と話しているし、佐藤も麻生も抱き込んでいるから、角栄らの動きが全くの論外だったわけではないだろう。ただ、「そういえば宮島だけでなく、麻生も池田を――」と、吉田が思ったかもしれない程度の、調味料のような役割だったであろうということだ。

だが角栄の真の狙いは、「池田蔵相」それ自体ではなく、「入閣運動を通して池田に食い込む」ことであったはずだ。だとすれば、角栄の深慮は的中したといわねばならぬ。

これ以後角栄と池田は急接近し、縁戚関係にまでなるからだ。角栄は「大将の懐に入ることだ」との処世訓を語っているが、この頃は幣原と吉田が大将だ。そして未来の大将は池田と佐藤だ。そこまで読んでいた政治家は、他にも多々いただろう。だが予想するだけでなく行動し、現に彼らの懐に入った角栄の手腕には、やはり舌を巻かざるを得ない。

昭和二十四年二月十六日。

第三次吉田内閣が発足し、大蔵大臣に池田勇人が就任した。

〈選挙中、蔵相になるとぶって回ってはいたが、まさか現実になるとは……〉

四半世紀近く前、一心に勉強して入った大蔵省。

「赤切符」でありながら、事務方のトップにまで上り詰めることができた。

今度は「事務方」のとれた正真正銘のトップである。

〈吉田さんや宮島さん、桜田君のおかげだ……〉

その昔、古巣に復帰できたのも、松隈秀雄や前尾繁三郎がいたからだ。新蔵相は人と人との関わりを、不思議に思った。そして感謝した。

〈それと、あの男……〉

角栄にも感謝した。効果はあまり無さそうだった気がするが、自分を蔵相にしようと動いてくれたのだ。

〈一応、リップサービスの一つもしてやらないといかんな〉

池田はのちに幹事長となった際、パーティーで「私が政治家になって最初に恩を受けたのは田中角栄だ」と発言し、初入閣の「借り」を返したものである。

角栄の野望

新大臣の着任以来、角栄は頻繁に大蔵省を訪れた。

〈俺にとっても始まりの始まりだ〉

池田とのつながりを深めなければならない。角栄は何かと口実を設けて大臣室に顔を出した。しかも角栄には別の魂胆もあった。

〈池田だけでなく、大蔵官僚たちにも食い込まねば〉

大蔵省は「官庁の中の官庁」である。戦前は、内務省が霞が関に君臨していたが、GHQの意向で解体。大蔵省が名実ともに「富士山」となっていた。

〈本当に国を動かしているのはこいつらだ。味方につけておけば必ずプラスになる〉

次官はシャーロック・ホームズの研究で知られる長沼弘毅《ながぬまこうき》である。角栄は次官応接室にも入り浸り、長沼や、次官を訪ねてくる部下たちと顔馴染みになった。

彼らと話していて、ある「省内用語」が飛び交うことに気づいた。

「年次が……」

角栄は、はたと思いついた。

〈年次……そうか、入省年次が重要なんだ！〉

役所は入省年次によって序列がある。人事は入省年次に則って行われる。ということは、年次を把握していれば、先の人事も読めることになる。

〈官僚たちの入省年次を覚えれば、誰が次官や局長になるか予測がつく。年次とポストを照ら

し合わせれば、そいつが同期の中でどの程度の位置につけているかも想像がつく〉

早速、角栄は大蔵官僚たちの入省年次の暗記にかかった。

〈しかし、草間先生の教えは何度も役に立つな〉

脳のモーターをフル稼働させながら、角栄は恩師の有難さを思った。「暗記が大事だ」との教えのせいで、無味乾燥な名簿を覚えるのも苦ではなかった。角栄も池田も暗記が身を助けているところは興味深い。

ひとまず暗記し終えると、使いたくなるのが人情だ。角栄はそれとなく〝成果〟を試してみた。

「やあ、○○局長、同期の○○さんは元気ですか？」

「えっ？　あ、ああ、げ、元気ですよ」

声をかけられた官僚は、意表を突かれた体だった。

〈中には気味悪がる奴もいるだろう。だけどこうやっていくうちに、俺の名前は確実に省内に浸透する。俺が本気で食い込もうとしていることも伝わるだろう。お互い顔見知りになることは何よりも強いのだ〉

角栄はその後もたゆまず年次を覚え、チョビ髭の風貌も相俟《あいま》って、省内にその名を知らしめてゆく。

宮島から角栄に至るまで、様々な層から押し上げられた人気者の池田だが、満場一致で推されていたわけではない。むしろ、新参の蔵相に対しては、反発の声が強かった。

民自党代議士会では新蔵相への不満が爆発し、「池田蔵相就任反対決議」がなされる始末。これには吉田も頭を抱え、幹事長の大野伴睦に党内取りまとめを依頼した。

事態の収拾に動いていた大野の許へ、焦点の池田が酒を片手にやって来た。新蔵相と官僚嫌いの幹事長は天下国家を語り合い、意気投合。その後も両者は個人的には反目せず、大野は「池田君は陰でも俺を『さん』付けしている」と御満悦の体を見せていた。

ところで池田は就任直前、二人の官僚を呼び出している。黒金泰美《くろがねやすみ》と宮沢喜一である。新蔵相はこの両者を秘書官に起用した。

「ディスインテリ」と揶揄された池田だが、傍らには名うてのインテリが集まった。前尾や大平、「所得倍増計画」を演出した下村治……さながら劉邦《りゅうほう》のようである。付言すれば、女婿となったのは池田の没後であるけれど、次女紀子の夫で外相や政調会長を歴任した池田行彦も、万葉集を諳んじる才人であった。

黒金と宮沢も時に寸鉄人《すんてつひと》を刺《さ》す、折り紙付きの知性派である。

黒金は『ロミオとジュリエット』を地で行った男だ。父が民政党議員で妻の父が政友会議員なのである。大学時代に肋膜を患い療養し、足掛け五年で卒業後、大蔵省へ入省。税務署長のときの直税部長が池田だった。つとに側近だった自負からか、社会党から池田近臣へと「出世」した鈴木善幸を「十八くらいで女中奉公に来た者に池田の気持ちはわからない」と嘲《あざけ》ったこともある。

黒金は総選挙出馬に備え配転され、大平が後釜に座った。大平は次官昇進の際と同様大臣就任にも反対した。「大部屋の苦労も知らないのに」というわけだ。池田はこの「諫言」も無視したが、それにつけても宮島から大臣の件は人に話すなと言われていたのに、少なくとも数人に話した痕跡がある。実に無警戒かつ軽率だ。数人がまた数人に話し、角栄の耳にも届いていたであろう。

宮沢は父が望月圭介の秘書官だった縁で、池田の勧めで大蔵省に入省した。入省時の保証人も池田に頼み、「なぜ赤切符に」と案じられたこともあるという。語学に長け漢籍にも通じた目から鼻へ抜ける宮沢を、「三十歳にして六十歳の頭脳を持つ」と評していた池田だが、一方でその度胸も買っていたというエピソードがある。

池田が首相時代の話だ。多士済々に囲まれた総理が郎等たちをどう見ているか、酒席で記者が質問した。

「あなたは清水次郎長みたいに良き子分に恵まれていますが、一番頭がいいのは誰です？」

記者は内心「宮沢という答えが返ってくるに違いない」と思っていた。が、池田はしばらく考えた末、意外な人物の名前を挙げた。

「一番良いのは稲田じゃないかな」

宮沢らの後に秘書官となる、のちに長銀の重役を務めた稲田耕作である。

予想外の回答に驚いた記者が続けて尋ねた。

「では度胸がいいのは？」

すると池田は、今度は間髪入れずに答えたのだ。

「それは君、宮沢だよ。決まってるじゃないか」

宮沢は池田と議論をしても譲ったりはせず、喧嘩になることまであったという。そうした面を「度胸がいい」と見たのだろうが、池田の多角的な「人物眼」が窺われて面白い。

政界関係者には「ベテラン秘書」から新興宗教の政治担当風情に至るまで、「人物眼」を誇る手合いが山ほどいる。が、残念ながら節穴だらけだ。池田のような広い視点で人を見ず、初対面で全てがわかったと思い込む。で、「無能」の烙印を押した者が思わぬ「出世」を遂げたりすると、内心は評価を変えぬまま、急に尻尾を振り始めるのだ。どこの世界も似たようなものかもしれないが、「営業成績」「部数」といった客観基準に乏しい分、政界は独断が蔓延し易い。

ともあれ、池田ほどブレーンに恵まれた政治家は稀である。しかも茶坊主に偏らず、言い返す宮沢や、昇進の都度反対した大平なども庭石の如く上手い具合に配置した。黒金、大平、宮沢の三人は、いずれも政界へ転身し、「秘書官三羽ガラス」として池田の身辺を固めることになる。

さて、蔵相の椅子に座った池田は、一人のアメリカ人と対峙《たいじ》した。

デトロイト銀行のジョセフ・ドッジである。

当時、占領軍は予算の均衡等からなる「経済安定九原則」を指令していたが、ドッジはその遂行者として来日した。ドッジは日本経済を「米国の援助と補助金で立つ竹馬」だと断じ、インフレ退治を標榜した。

一方与党民自党は、選挙公約として減税・公共事業費増額を掲げていた。しかし、ドッジ肝煎りの占領軍予算案は、公共事業費を減額し、減税も認めていなかった。民自党の公約は無視されたのである。

池田はドッジと交渉を重ねたが、先方は眉一つ動かさない。党内も荒れた。池田を吊るし上げるだけではおさまらず、幹部連がドッジへ強訴する事態にまで発展した。それがまた青い目の占領者の心証を害するという悪循環を招いてしまった。

就任早々四面楚歌となった池田は悶々としていた。宮沢と飲んで気分をほぐし、「バカヤロー」と叫んで憂さを晴らした。それでもまた悩みがもたげた。ついには辞職まで考えた。

だが池田は四面楚歌ではなかった。吉田が助けてくれたのだ。総理は新蔵相を激励し、閣内も党内も抑え込んだ。就任時の挨拶が効いたのか、大野も力を貸してくれた。財政のザの字もわからぬはずでありながら、「国家百年のためだ」などと大時代な台詞で鼓舞してくれた。

結局、予算は早期成立し、「一ドル三百六十円」の為替レートも決定。続いてコロンビア大学教授のカール・シャウプが来日し、直接税中心主義を旨とする税制改革を勧告した。これらの施策は「ドッジ・ライン」「シャウプ勧告」と呼ばれ、戦後日本経済の骨組みとなったのである。

就任当初は党内に逆風が吹いていた池田だが、やがて風向きが変わってきた。

「この新入りは、吉田の信頼を勝ち得つつある……」――嗅覚鋭い面々が、俄かに接近してきたのである。就任反対決議をしたことなど知らん顔だった。

中でも広川弘禅《ひろかわこうぜん》はしばしば池田邸に通った。朝早く、たくあんを持って現れた。広川はその頃吉田派党人のボス格で、食事がよく出る広川邸は、「広川食堂」といわれ政界人で溢れていた。そういう実力者も、いや、実力者だからこそ、池田に吹き始めた順風を察知して、恥も外聞もなく擦り寄ったのだろう。ちなみに池田邸は酒がよく出るから「池田バー」、佐藤邸は麻雀の相手をさせられるため「佐藤麻雀」、それぞれ政治の要所であった。

実力者の広川には角栄も接近を図った。「和尚」に骨董趣味があると小耳に挟み、古美術やら何やら価値もわからぬまま献上した。が、暖簾《のれん》に腕押しだった。

〈どうすればこの古ダヌキに……〉

「和尚」は思いのほか手ごわかった。されど、幣原も吉田も、そして池田も佐藤も「陥落」させた角栄だ。とんだ奇策を思いついた。

〈そうだ、なまぐさ坊主なんだから、あっちの方もお盛んなはずだ。春画をやってみよう。それも、どぎついやつを……〉

案に違わずなまぐさ坊主は目を見張った。

「ホウ……」

広川の鼻の下は伸び切っていた。そこに、与党を牛耳る〝大幹事長〟の面影はなかった。助平な中年男がいただけだった。

「おい、田中君……」

これ以後広川は何かと角栄に声をかけた。角栄はしてやったりの表情を浮かべた。

〈池田、佐藤ら官僚だけではダメだ。党人派にも楔《くさび》を打ち込んでおかなければならんのだ……〉

だが広川は、池田や佐藤とは、ちと勝手が違った。

「田中君、手形書くからさ、ちょいと貸してくれや」

そう言って金を借りに来る。もとより気前のいい角栄だ。はじめは素直に貸していたが、いつまでたっても返さない。欲しいなら欲しいといえばいいのに、「借りる」といって返さない。

角栄は、約束を守らない人間は信用しなかった。「タイムリミットの無い仕事、人生は無い」と明言し、デートに遅れてきた恋人を振ったこともある。広川邸の大火鉢の前で尊大に振舞う取り巻き連の傍若無人さも鼻についた。

〈政治生命を賭ける相手ではない――〉

昭和二十年代の半ばを過ぎるあたりまで、角栄は「広川派」とも見られたが、徐々に距離を置き出した。「偉くなるには大将の懐に入ることだ」と肝に銘じていた角栄だ。その目に広川は「大将」と映らなかったのである。

広川はやがて吉田と揉めて脱党し、落選を繰り返して政治生命を断たれた。選挙に強そうな雰囲気を持つ広川は、その実選挙に弱かったのだ。議席が無くとも政治はできるが政治家ではなく「院外団」になってしまう。「約束」と「選挙」。相応の魅力と政治力を併せ持ち、一時は

「最大派閥」を擁した「和尚」の栄華と没落は、角栄にとって反面教師だったに違いない。

舌禍のはじまり

池田が蔵相となって約一年が経った昭和二十五年二月。

政局は「保守合同」が論点となっていた。

保守結集を志向していた吉田首相は、前年の組閣の際、民主党との連立を目論んだ。これに対し民主党は、連立への賛否をめぐり党内が二分。吉田は民主党連立派を入閣させての組閣を断行した。

吉田はその後も民主党連立派に合同を迫り、幹事長の広川も歩調を合わせた。この動きには民自党にも民主党にも反対の声が上がったが、つまるところ二月十日、民主党連立派が民自党に入党し、党名を変更することで決着した。

通産大臣の稲垣平太郎《いながきへいたろう》はこの決定に不満を抱き、閣僚を辞任。後任は蔵相の池田が兼任することになったのである。

当時、インフレは収束に向かっていたが、中小企業の倒産が深刻な問題となっていた。中小製造業においては約四割が休業ないし廃業し、中小企業庁長官の蜷川虎三《にながわとらぞう》は「三月危機」を唱えた。この主張は吉田の逆鱗に触れ、蜷川は辞職に追い込まれた。そうした状況のもと、池田の放言が飛び出したのである。

三月一日、この日は民自党が「自由党」へと生まれ変わった日であった。

池田はいつものように記者会見に臨んだ。面倒だった。ロクに経済も知らん連中に話して何の意味があるというのか。軽くあしらってやればいい――これまたいつものようにそう思っていた。

記者団も記者団で、あの野郎、一年坊主のくせに調子に乗りやがって。天狗の鼻をへし折ってやる――そう思っていた。いや、いつも以上に池田を叩く気満々だった。

険悪な空気が流れる中、質疑応答が始まった。

――最近、税金苦の自殺があるようだが。

「原因が税金だったかどうかよく調べなければわからない。もし死ななければならないほどの税ならなぜ死ぬ前に私に直接言って来ないのか。まだ一人も来ないところをみると自殺の原因は税金ではない」

――税務署には毎日全国何千何万という人が押しかけているではないか。

「私のところに来れば必ず会う。もし一日何百人も押しかけて来るようなら特別代理人をおいて必ず会うようにする」

――今中小企業は苦しんでいる。銀行が融資するのは大企業ばかりで、中小企業にはほとんど金が回って来ない。

「中小企業の経営が最近特に難しくなったことは認める。しかしこれはドッジ・ラインという大きな安定政策のために一度は通らなければならない関門だ。信用がなくて銀行から金を借りられないのは経営者の責任で、政府の責任ではない。そのため企業が潰れても仕方がない」

――「三月危機」に対してどう考えるか。

「五人や十人倒産し自殺しても国民全体の数からみれば大したことはない。国家財政を立て直すためには多少の犠牲はやむを得ない。今は企業の整理期だ」

記者団がざわついた。「しめしめ」という声が聞こえてきそうなどよめきだった。

秘書官の宮沢はさっと耳打ちをした。

「今のは訂正した方がいいですよ」

しかるに池田は傲然と言い放った。

「税金で死ななきゃならんなら俺んとこに言ってくりゃあいいんだ。はい、次の質問！」

笑いをこらえながら記者団は質問を再開した。

――その整理期はいつ終わるか。

「十月には安定の軌道に乗ると思う。それまでに倒れる企業があっても仕方がない。じたばたする人間が少なくて済むように、色々な施策をやっていかねばならない」

……この談話は当然の如く物議を醸した。

新聞には
「中小企業への暴言」

「一部の倒産やむを得ぬ」

等の見出しが躍った。

予算委員会では与野党とも池田発言を問題とし、池田もさすがに「表現が悪かった」と釈明

したが、それでもまた
「犠牲はやむを得ない。犠牲者を少なくするように努力している」

「当分は茨の道をゆかねばならない」

と繰り返し、否決となったが不信任案を上程された。

三月十七日には中小企業諸団体が「危機突破国民大会」を開催。あまり似ていない似顔絵や人形を掲げた池田糾弾デモまで実施された。

けれど、渦中の池田はどこ吹く風で、

「出る杭は打たれる」

などと公言し、一国民からの激励電報を嬉々として振りかざしていた。反省どころか居直りの体だった。そして数カ月後、二の矢を放ってしまうのである。


〈池田さん……〉

角栄は池田の放言を聞いて苦笑いしていた。

正直でいい。表立って言わないだけで、同様に考えている政治家は他にもいるだろう。本音を隠し「本音」を駆使する連中だらけの政界で、こういう人は珍しい。

〈いや、一般社会だってそうだ〉

角栄は経営者でもある。酒宴で酔ったふりをして、虚偽の「本音」を吐き合う様を、嫌というほど見せられたものだ。

〈その点、池田さんは違う〉

本当に本音を話す男だ。もちろん大人であり政治家である。多少の嘘や駆け引きはあるだろう。しかし、その根幹に横たわる性質は、間違いなく「正直」だった。

〈だが〉

と、中小企業を率いる角栄はこうも思う。

〈自殺はやむを得ないとか、じたばたとか、それは言い過ぎだ〉

経済原則からはそう外れていないだろう。資本主義の世の中だ。経営が行き詰まれば倒産するしかない。

だが、自殺をするほど追い詰められた国民がいたら、やむを得ないと見遣るのではなく、救おうとするのが政府ではないのか。国民にメシを食わせるのが政治ではないか。

財政を立て直すのも大事だ。だが、そのために国民が犠牲になったら本末転倒ではないのか。財政再建は人命より重いものなのか。

〈俺ならこういう言い方はしない。池田さんと俺の違いだ〉

数多の辛酸を嘗めた池田も、金銭面での苦労は知らない。親方日の丸の役人で、会社を経営したことも社員の経験も無い。翻って角栄は、幼い頃は借金に出向き、小僧も経営者も経て国会へ出た。本当の苦労はしていないかもしれないが、少なくとも「倒産」の怖さ、悲惨さは知っている。

〈俺だって若くして大儲けして国会議員だ。「庶民」でも何でもない。ただ、「下」からの目線

は、忘れないようにしなければ――〉

池田の知らない世界を俺は知っている。それは俺の強みだ。

学校やら職やら転々とした在りし日を、角栄は懐かしく振り返った。

ときに「池田の知らない世界」といえば――。

この時期角栄は、司法から手痛い目にあっている。

四月十一日、炭管疑獄の一審判決が下り、角栄は「有罪」と断ぜられたのである。

――「被告人田中角栄を懲役六カ月に処する。但し、この裁判が確定した日から二年間、刑の執行を猶予する」。

これが、裁判長の言い渡した判決だった。

業者から百万円を収賄したとして起訴された角栄は、受けとった金は工事代金だと主張していた。が、その言い分は通らなかったのだ。

〈選挙のみそぎは受けたんだ。立法府の議員たる俺が司法に負けてたまるか〉

被告人はただちに控訴した。弁護人は田中土建の顧問であり、小佐野賢治との仲を取り持ったとされる正木亮《まさきあきら》である。

〈正木先生ともよく相談して、絶対に勝ち抜かなければ。有罪確定なら俺の政治生命は終わってしまう……〉

この二年生議員の戦場は三か所あった。新潟と永田町と司法の場だ。前の二つでは健闘していた角栄も、最後の一つでは苦戦を強いられていた。

「貧乏人は麦を食え」

角栄に有罪が下った二週間後、池田はアメリカへ渡った。日本の閣僚として占領下初の訪米だった。

このとき秘書官の宮沢と共に、吉田の側近白洲次郎も同行している。白洲は英語の達人で、米国製の「日本国憲法」の翻訳にも携わり、天皇のsymbolを「象徴」と訳した張本人だという。妻の白洲正子も小林秀雄に連なる文化人として名高い。

他方白洲は人を食った言動で知られ、池田のことも「変な数字を全部暗記しているのに驚いた」「エチケットをエケチットという愛すべき人」と皮肉っぽく評している。

池田も白洲を快く思っていなかったようで、「シラスという魚は知っているがシラスという人間は知らん」と言ったそうだ。なお、「エケチット」に関しては、幹事長に就任した際「そもそもエチケットという言葉を知らんのだからエケチットというはずがない」と否定している。池田は「どっちもどっち」「五十歩百歩」などの言葉も知らなかったのかもしれない。蛇足ながらこの蔵相は、滞米中もトマトジュースを頼むつもりで「トマトソース」と注文し、トマトケチャップが届くという悲劇を招いている。

渡米目的は「アメリカの財政経済の視察」であり、事実、各省や銀行の見学日程が詰まっていたが、「講和の瀬踏み」という別の狙いもあった。「講和」とは「独立」の前提である。そうした重要案件を託されるとは、池田がいかに吉田の寵愛を受けていたかわかろうというものだ。

池田は「密談相手」に旧知のドッジを選んだ。この馴染み深い米国人は、国務省と陸軍省の幹部であったからだ。

池田と通訳の宮沢は、「日本政府はできるだけ早い機会に講和条約を結ぶことを希望する。講和条約締結後、米軍を日本に駐留させる必要があるだろうが、もしアメリカ側からそのような希望を申し出にくいならば、日本側からそれを要請するような持ち出し方を研究してもよろしい」といった主旨の「吉田伝言」を伝えた。

ドッジの態度は慎重で、明確な答えは無かったが、双方の発言を記録した覚書が作成された。この覚書をきっかけに、講和条約と日米安保条約が結ばれることになるのである。

一カ月に迫る訪米は、池田を一回り大きくさせた。吉田総理の代役として、国を背負って交渉したのだ。事実、国の経済を司り、外交まで担うとは、「日本を代表する政治家の一人」といってもおかしくない。

ところが、この〝大物政治家〟は、舌が少しばかり滑らか過ぎた。物忘れも重なった。舌禍事件を起こしたことなどすっかり忘れてしまっていた。

渡米から半年が過ぎた十二月七日、参議院予算委員会において、労農党の木村禧八郎《きむらきはちろう》が質問に立った。木村は野党きっての経済通だ。この日も消費者米価につき蔵相の池田に斬り込んでいた。

両雄のやりとりが続く中、池田は気になる言葉を発した。

「米と麦の価格の問題につきましても、日本古来の習慣に合ったようなやり方をしてゆきたい」

――日本古来の習慣……？

記者出身の木村は言語に敏感だった。池田の言い回しに引っ掛かるものを感じた。質問の終わり際、意味するところを問い質した。

「それじゃ一言だけ……、ただいま日本古来の考え方に従ってやるのだという、その点はどういう意味なんですか」

池田は戦前における米と麦の割合を比較した後、具体的に回答した。

「私は所得に応じて、所得の少ない人は麦を多く食う、所得の多い人は米を食うというような、経済の原則に沿ったほうへもってゆきたいというのが、私の念願であります」

「重大問題だ」「放言だ」等の野次は飛んだが、場が騒然としたわけでは無かった。審議も止まらなかった。ところがこの答弁は、「貧乏人は麦を食え」と〝意訳〟され、後世に語り継がれる「迷言」として定着したのである。

実は池田は家で麦飯を食べていた。池田は素封家の家に育ったが、子供の頃から主食は麦だった。近所もまた麦飯で、始終、白米を食していたのは池田の本家と庄屋の二軒だけだった。政治家によくある貧乏人蔑視の趣は無く、自身の生活に基づいた発言であった。

だから池田は趣旨が捻じ曲げられて伝えられたと憤慨していた。

「懐具合に応じた暮らしをするんだ、と言ったのに」

と。

これが衣服の例であったなら、「貧乏人は安物を着ろ」などと誇張されてもさほど問題にならなかったであろう。事が主食に関するだけに、広く伝わる羽目となったが、おかげで池田の名は不滅なものに成りおおせたのだから皮肉な話だ。ちなみに当時大蔵官僚だった相沢英之によると、低所得者の方が米を多く食べていたという。高所得者はパンの摂取量が増えるからである。

池田はその後も「信念」を貫き、演説時にこんなやりとりを起こしたこともあった。

「よう、麦飯大臣！」

「なにィ……貧乏人は麦を食えというのが悪いなら、汽車の一等、二等、三等もやめたらどうか」

こちらは「赤切符」だった役人生活に基づいた発言である。

誰もが怖れた「奥の院」の女

失言やら訪米やら、池田が日に日に存在感を高めていく一方で——。

角栄は、受験勉強のような日々を送っていた。

議員立法に力を入れていたのである。

この時期角栄は、一審で有罪を受けた被告の身だ。表舞台には出られない。そこで一見地味にも見えるが、実は政治家の醍醐味である立法作業に励んだのだ。昭和二十五年だけで六件の法律を提案者として成立させ、その他九件の法案にも関与している。

〈今の俺にできることを精一杯やるんだ。そうすれば必ず道は開ける〉
政治家はある意味気楽な稼業だ。バッジを付けるのが大変なだけで、付けてしまえば何もせずとも歳費が入る。議席の維持には骨が折れるが、議会の仕事それ自体は呑気なものだ。何が審議されているか知らずとも、周りに合わせて起立と着席をすればこなせてしまう。「年収三千万の採決ロボット」と揶揄《やゆ》される所以だ。不祥事を起こしても、大概見逃されてウヤムヤになる。

吹けば飛ぶような地方議員に至っては、普通の会社員の数分の一以下の勤務時間で、不相応な高額報酬を失敬している。で、やっていることは、媚態と周囲の陰口と、頭隠して尻隠さずの陰謀ゴッコだ。

ことほど左様に楽な議員生活も、本腰を入れて取り組めば、これほど難儀な職も珍しい。仕事の範囲は無限にあるし、頭も体も口も使う。特に立法をやるとなれば、デスクワークに裏打ちされた知識も必要だ。裁判の重圧がのしかかっていた角栄は、それを撥ねつける勢いで、書類を読み、説得し、答弁した。

〈人生、晴れの日ばかりではない。曇りの日もあれば雨の日もある。雪だって降る。日が当らないときをどう過ごすかで、爾後《じご》の歩みが決まるのだ〉

角栄が提出者となって成立させた法案は三十三件に及んだ。のちにキングメーカーとなるローメーカーは、その輝かしい実績を誇示したものである。

「わたしが総理大臣を務めたことに比べてみても、はるかに国家のために役だっていると思う」

この発言通り、角栄の立法は、やがて高度成長の礎《いしずえ》となり、我が国の発展に大きく寄与することになるのである。

昭和二十六年は、内外の情勢が移り変わった年である。

四月、占領軍の最高責任者であるマッカーサーが解任され、リッジウェイが後任に座った。六月からは公職追放が解除され始め、鳩山一郎派の政治家が続々と表舞台へ復帰した。彼らはまだ議席は無いが、吉田首相にとって厄介な存在になることは間違いなかった。八月には鳩山本人も追放が解かれ、念願の総理の座へ向け再スタートを切った。

〈これまで吉田さんには強力なライバルはいなかった。しかし今後、あいつらが立ちはだかるだろう〉

吉田側近の池田は、鳩山らの解除を内憂と捉えたが、外の方は「患」ではなかった。九月にサンフランシスコで講和会議が開催され、池田も全権委員として随行したのである。

前年の池田訪米後、講和への動きは着々と進んだが、七月に日本政府は条約調印式への招請状を受領。吉田の意向で池田も随員に選ばれることになった。

九月四日、吉田は巻紙に書かれた原稿を読みながら、講和条約受諾の演説を行った。首席全権が器用に巻紙を繰る姿を、池田は「満場の各国代表は手品師を見るように眺めていた」と回顧している。

調印にはパーカーの万年筆が使われた。池田は同じものをアメリカで購入し、親族へ送ったという。

同じ日に、日米安保条約も締結された。こちらは吉田一人が署名した。安保条約は九年後に紛争の種となるのだが、この時点では特段問題にされていない。のちに安保が乱を呼び、それを自分が静めることになろうとは、このとき池田はゆめ思わなかったに違いない。

ところで、歴史の節目に同行を許された池田に対し、元同級生の佐藤栄作は、この時期微妙な位置に立たされていた。師であり恩人でもある吉田との関係を、いささかこじれさせていたのである。

その原因は、一人の女性の存在だった。

当時吉田周辺は、林譲治《はやしじょうじ》、益谷秀次《ますたにしゅうじ》、大野伴睦が「御三家」といわれ、池田、佐藤、広川、保利茂《ほりしげる》が「四者連盟」などと称されていた。前者はいわば長老格、後者は吉田子飼いの中堅・若手の側近たちだ。

そしてもう一つ、「ワンマン」の寵を受ける一味が跋扈《ばっこ》していた。

女婿の麻生、というより麻生の妻で吉田の三女・和子を取り巻くグループである。

前出の保利、福永健司らで、彼らは麻生邸のある渋谷区神山町へせっせと通い、和子を囲んで麻雀がてらに機嫌を取っていた。

吉田は娘を溺愛し、和子も政治に口を出した。そのため「神山クラブ」は「奥の院」と化し、何の権限も無いはずの女性が我が物顔で振舞っていた。その権勢は新聞社が和子番の記者を置くほどで、屈辱的な仕打ちをされた政治家もいるという。

女性が「力」を持つとしばしば公私混同するものだ。和子は「忠臣」たちを父に推挙する一方、佐藤を嫌った。嫌悪の理由は明確でないが、無愛想だとかへつらわないとか、所詮その程度のことだろう。同世代の友人でなく、親の仕事上の部下たちと麻雀卓を囲むとは、和子の孤独とおべっかに飢えていた様子が窺える。

佐藤もまた和子に進んで取り入ろうとはしなかった。将を射るために馬を射ようとはしなかった。和子を「馬」ではなく「人」と見た佐藤は、実は上司の娘を立てていたともいえる。が、思い込みに凝り固まった「権力者」にそんな視点があるはずもない。娘の佐藤嫌いは日に日に募り、いつしか父にも伝播した。

吉田は講和前の改造において、些細な事由で佐藤を入閣リストから除外。思い直して郵政相にするのだが、組閣後和子が次のように言い放ったと伝えられた。

「佐藤栄作は大嫌いだけど、奥さんが面白い人だから亭主を大臣にしてやった」

事実なら、虎の威を借る狐の増長ぶりを示して余りある。「奥の院」のいびつな人間模様も垣間見えるようだ。奇しくも今日、和子の息子・麻生太郎と佐藤の縁者・安倍晋三は「盟友関係」にある。半世紀を経て血縁同士が接近するとは政界の変遷を象徴するようで興味深い。

吉田の勘気は間もなく解けたが、日蔭の佐藤は見る見る開く池田との差を肌で感じていたに違いない。「吉田学校」の先輩だった佐藤は、気づけば池田に「首席」を奪われ、その後も「次席」を甘受し続けることになる。

なお池田は「神山クラブ」のメンバーではなかったが、和子の受けは――その頃は――悪くなかったそうだ。「クラブの主」が池田と緒方竹虎《おがたたけとら》を対比させ、

「緒方さんと違って池田さんには中身がある」

と評したとの話も残っている。

無論、この場合の「中身」とは、愛想の良さや明るさのことで、政策能力や実行力を指すわけではないだろう。「受け」もやがて悪くなり、数年後、池田は和子のヒステリーの標的にされることになる。

ちなみに池田はこの頃「組閣参謀」も務めた。閣僚名簿の草案づくりをしていたのだ。しかも、〝参謀の参謀〟まで存在した。

池田が箱根の別荘にこもり、人事構想を練って帰京すると、二人の若造が待っている。田中角栄と根本龍太郎である。

駆け出し二人が独自の閣僚名簿を作成し、池田を待ち受けているのである。

池田は両者の苦心の作を審査する。

「これは駄目だ」

「そうですかね、面白い人事かと思ったんですが……」

「いや駄目、駄目。こっちは面白い。ただ、吉田さんがどう言うかな……」

「でしょ？　それは自分でも上手いと思ってたんですよ。吉田さんもオッケー出してくれるんじゃないですかね」

こんな調子で組閣の絵を描いていたそうだ。吉田は和子らの意見と共に、この「虎の巻」も人事の参考にしたのだろう。

当時池田は当選一回、角栄と根本は二回である。期数も年端も上の議員は、眉をひそめていたかもしれない。

もう一人の雄、佐藤栄作を懐柔《かいじゅう》する

池田が独立への門出に立ち会う少し前、角栄も新たな門出を迎えていた。

六月二十二日に下った炭管事件高裁判決で、角栄は「無罪」を勝ち取ったのである。

弁護人の正木は

「被告人田中角栄は衆議院議員として国政に関与しているが、その教育・環境からして、政治に没頭して業務を投げ出すことのできぬ地位にあった」

「被告人の性格として、若年であり、先走り的で衒気が多く、契約の真性も誤解された」

「贈賄側は他の贈賄相手の政治家を『〜代議士』と述べているが、角栄に関してのみ『田中角栄氏』としている。これは明らかに商取引意識からきており、国会議員の職務に関する賄賂と認められる証拠は一点もない」

等の主張を展開。

正木の弁護が効いたのか、裁判長は次のように認定した。

「この契約は田中角栄と贈賄側が個人でなく会社の代表者として締結したもの」

「百万円の前渡し金が角栄個人の職務に対する賄賂だとするには、請託関係の存在を成立要件とするが、それは確認できない」

被告人は、判決を下す裁判長の声を、天啓のように聞いていた。

――やった！

これで、もう、後ろめたさを感じずに、前だけを見て歩ける。

受領した金は事業代金だとする主張を認められた角栄は、逮捕から二年半の星霜を経て愁眉を開いた。

正木に対する信頼か、はたまた勘のなせる業か、角栄は判決前から無罪を確信していたようだ。判決当日、上京中の地元支持者を自信満々で傍聴に誘っている。

「今日、判決なんだ。一緒に行こうよ」

「そうか、じゃあ行ってみっか……無罪だといいけどな」

「いやあ大丈夫、大丈夫、俺は何も悪いことしてないんだから、絶対勝つって！」

「……（笑）。だといいけどな」

閉廷後、支持者の姿を見つけると、「勝者」は顔をほころばせ、当選さながらに喜んだ。

「やった、やった！　司法も俺が悪くないって証明してくれた！」

「良かったなあ……これで俺も、悪さした奴を応援なんて、って言われないで済むよ（笑）」

「うん、応援してくれて感謝してるよ。あんたにも辛い思いをさせたけど、これで胸を張って歩けるよ。早速岡田さんに知らせなくちゃ」

岡田とは新潟県知事の岡田正平《おかだしょうへい》で、角栄の後見人の一人だ。執行権を持つ首長は、陣笠国会議員などより余程力を持っている。わけても陳情の成功率は、首長との距離感に左右されるといってよい。朗報を真っ先に伝える相手が岡田とは、角栄が地元行政を最重要視していた証左である。

さて、白日の身となった角栄には、新たな仕事が待っていた。

長岡鉄道の電化問題である。

この頃田中土建は解散し、会社整理を終えていた。前後して長岡鉄道の社長となった角栄の前に、懸案の電化事業が立ちはだかっていたのである。

大正四年に開通した「長鉄」こと長岡鉄道は、住民の利用や農産物の出荷を担う地元の「生命線」だ。しかし赤字続きで廃線の危機にあったため、電化による再出発を計画。政治家を社長に据え国庫の援助を仰ごうということで、角栄が招聘されたのである。

角栄は当初就任を拒否したが、「電化を成功させれば沿線地区の票が大量に出る」と口説かれ翻意。同期の桜の根本龍太郎に不安混じりの「着任の決意」を語っている。

「土方をやめて地方鉄道の社長になるよ」

「儲かるのかい？」

「今はまだ、あんまり儲からないけどね……ま、来年からは全国私鉄の頭株になるよ」

「そうか、でも物好きに赤字会社を背負いこむなよ？」

「うん、腕は確かだ。心配ご無用だよ」

言葉通りの確かな腕を持つ角栄は、設立間もない日本開発銀行から巨額の融資を引き出した。工事費の全額に近い額だった。融資の経緯は詳らかでないが、開銀総裁の小林中とごく近い、蔵相の池田が動いたのだと思われる。

実際池田は、長鉄の件で、角栄から次のような大演説をぶたれている。

「国鉄、私鉄の電化をなさずして、交通機関の発達はあり得ない。政府は資金を出すべきだ。大体、原子力の時代が迫っているのに、石炭を焚いて列車が走るなんてナンセンスだッ」

憶測だが、角栄は池田に融資先を相談し、その結果開銀が選ばれたのだろう。

池田が異郷で歴史の現場に立ち会う前々日、長鉄電化の竣工式が開かれた。このとき角栄は「十二月一日に初電車を走らせる」と宣言。融資が延期するなどアクシデントも発生したが、昼夜問わずの突貫工事を敢行し、宣言通り電化実現へと漕ぎつけたのである。

有言実行の新社長を長鉄は労使一体で応援し、角栄の票田は沿線一帯へと広がった。あわや廃線の赤字線が電化によって再生し、角栄の大量得票を支える柱の一つとなったのである。

顧問には鉄道省出身の佐藤栄作を招いた。麻生和子の全盛期、角栄は閑古鳥が鳴く佐藤邸へ頻《しき》りに通い、主を激励し続けた。敢えて埋もれ木を訪問し、再起に備えていたわけである。これもこれで伝統的な処世術ではあるけれど、顧問の肩書は、より効き目があったと思える。佐藤は元来官僚だ。よしんば地方鉄道であろうと、「役」を貰えば悦に入る。「佐藤顧問」は事業面と政治面を網羅した、一挙両得の妙案である。

〈これで佐藤とは事業上のつながりもできた。池田ともより深い関係になっておかねば……〉

数年後、角栄の〝野望〟は現実のものとなる。

第四章　跳梁跋扈《ちょうりょうばっこ》

内部抗争激化

昭和二十七年四月二十八日、前年調印された講和条約が発効となり、日本は独立の日を迎えた。

〈その日に、俺も立ち会ったのだ〉

吉田が万年筆を走らせ署名する瞬間を回想し、池田は感慨深かった。

けれど、外は順調でも、内は危険が迫っていた。

吉田派と鳩山派の抗争が、抜き差しならない段階に陥っていたのである。

鳩山派にすれば、そもそも自由党は鳩山が創設したもので、吉田はあくまで「雇われマダム」だ。にもかかわらず、吉田は総裁を「返す」気がなく、鳩山の追放解除を遅らせたフシさえある。吉田の方も、鳩山が病み上がりであったため、病人に政権を渡せるかと応酬した。元鳩山派の大野伴睦の仲介で、吉田・鳩山会談が持たれたが、互いの不信感は解消しなかった。

七月の幹事長人事も火花が散った。吉田は麻生グループの福永の起用を図ったが、鳩山派を中心に猛反発が沸き起こり、乱闘騒ぎの果てにこれを断念。鳩山とも良い林譲治が幹事長に就任した。

池田も鳩山派の標的となった。何しろ吉田直系だ。鋭い矢が飛んできた。射手の中心は〝鳩山自由党の副総裁〟を自認する石橋湛山だった。八月には池田の地元へ乗り込み元部下批判を繰り広げた。

かつての上司は

「池田財政は消極的」

「今のような不況時に消極政策を行うとデフレになる」

「党内民主化のために〝吉田側近〟を打破して新しい自由党にする」

と政策面も交え池田をこき下ろし、その挙句、

「池田君は自分の蔵相のとき局長から次官になったよ。この頃考え方が自分に近づいてきた」

などと軽くあしらった。

元部下も負けじと

「消極財政といわれるが堅実財政だ」

「石橋君は最近の財政実態を知らない」

「石橋君とは考え方が根本的に違う」

とやり返したが、聴衆の数は青年層を中心とした石橋の方が上回っていたそうだ。石橋が池田の人気を上回ったというより、長らく続く吉田政権に対する不満であろう。

しかし、「不況時に消極策をとるとデフレになる」とする石橋と、「堅実財政」を重視する池田の論争は、「積極財政対財政再建」の論議が続く現状を見ているようで興味深い。この時期一般会計の歳入は一兆円程度で、赤字国債もまだ未発行ではあるけれど、「景気か財政か」との論点は、かねて議論の的だったとわかる。在野のエコノミストだった石橋が積極財政を提唱し、大蔵省出身の池田がそれに異を唱えるという図式も象徴的だ。当時も稀な「政策通」と目されていた両者だが、政策のわかる議員はごく一部で、大多数は政策に無関心、という構図も古来変わりないのだろう。

八月二十八日、鳩山派の機先を制すため、吉田は解散を敢行した。この解散は池田ら数人の間で画策され、幹事長の林もあずかり知らぬものだった。

投票日二日前、吉田は「元凶」の石橋と河野一郎を除名した。これにも池田は一枚噛んだ。次官昇格時に「あなたのためなら何でも致します」と宣誓した過去から察すると、石橋のために除名したのだろうか。石橋は二年後再度除名され、そのときも池田が関与する仕儀となる。「抜き打ち解散」の結果、池田は二度目の当選を果たしたが、自由党は二百四十名へと減退。鳩山らがようやくバッジを付け、石橋も河野も除名に負けず当選した。吉田派は党内に多くの敵を抱えることになったのである。

一方この選挙では、池田子飼いの議員も誕生した。秘書官だった黒金泰美と大平正芳が議席を得たのだ。翌年の参議院選挙では宮沢喜一が当選し、次第に「池田派」が形成されていくのである。

大平の選挙には、田中角栄も応援に出向き、選挙区のそこかしこでマイクを握った。長鉄の電化を成功させていた角栄は、自分の選挙は「当確」だった。そのため各地へ応援に回り、中でも大平の選挙区には力を入れた。この眠そうな顔をした男とは、役人時代からの交友だ。加えて池田腹心ゆえ、いずれ伸《の》してくるとも読んでいた。大平の女婿森田一によると、このとき互いに

「この男は総理になる」

と思ったという。

天下の英雄使君とわれ。大平もまた先読みのできる野心家だったのである。

池田に加えて角栄と、後世から見れば贅沢極まりない援軍を得た大平は、めでたく当選。角栄も初のトップ当選を達成し、着々と堅城を築いていた。

議員会館の住人となった大平は、角栄の部屋にたびたび現れた。そして雑談をしては帰っていった。一時間のうち五十五分は角栄が喋り、残りの五分で大平が総括する、といった様式で、会話は上手く成立していたということだ。

またこの選挙において、福田赳夫《ふくだたけお》と辻政信《つじまさのぶ》も、いずれも無所属で初当選している。福田はのちに池田批判を展開し、角栄のライバルにもなる元大蔵官僚だ。「赤切符」の池田と異なりエリート街道を走ったが、疑獄事件に連座し次官を前に無念の退官。次官が駄目なら総理をと、国政に進出したのである。元陸軍参謀の辻はベストセラー作家で、その行くところ何かと波風の立つ男だ。池田内閣時にも失踪騒ぎを起こすことになる。

さて、十月三十日に発足した第四次吉田内閣において、池田は通産相兼経済審議庁長官へと横滑りした。官房長官には議席を得たばかりの緒方竹虎が就任。元朝日新聞幹部の緒方は閣僚経験もある〝大物新人〟で、やがて池田のライバルとなってゆく。

学習能力に秀でた池田は、「産業貿易を伸ばして中小企業もよくするのが私の仕事だ」と就任挨拶を慎重に行った。「パチンコを一日も早く廃止すべき」との正論も吐いた。

〈俺から失言を引き出したいと手ぐすねひいてる連中も多いだろうが、同じ失敗を繰り返してたまるか。それに本当は失言でも何でもないんだ〉

が、一カ月も経たないうちに、閣外へ去る羽目となった。

くだんの「中小企業放言」が、二年半以上の時を経て、時限爆弾のように爆発したのである。

本音舌禍でついに大臣辞任

十一月二十七日、衆議院本会議。右派社会党の加藤勘十が質問に立った。加藤は芦田内閣の際、「大臣病」にとりつかれ左派から右派へ転向した男だ。自らの過去も顧みず、池田の「旧悪」を蒸し返した。

「池田通産相は、かつて中小企業の五人や十人死んでも仕方がないと放言したが、今もなおこのように考えているのか、この席上においてはっきりと御答弁を願いたい」

「古傷」に触れられた大臣は、「まだわからんのか」と言わんばかりに念を押した。

「私の心境はその後におきましても何ら変わりはございません。インフレ経済から安定経済に向かうときに、ヤミなど正常の経済原則に反した商売をやられた人が倒産し、思い余って自殺するようなことがあっても、お気の毒ではあるがやむを得ないと、ここではっきり申し上げます」

議場は野次で騒然とした。二年半前と同様に、野党は不信任案を突きつけた。前と違うのは、今度は与党内にも鳩山派という「党内野党」がいたことだった。鳩山派は不信任案に賛成あるいは欠席し、無所属の福田赳夫も棄権した。大蔵省出身の福田には、後輩大平が反対票を投じるよう頼んでいた。が、説得むなしく福田は先輩池田を見捨てたのである。

採決の結果、不信任案は可決された。自由党は、入院中の議員まで駆り出して否決を図ったが、七票差で敗れた。

過去二回の「失言」を乗り切った池田は、三度目にして大臣を棒に振ったのである。

池田は退任会見の席上、

「私はウソが言えない。言葉が足りずこういう結果になった。私は正直すぎた」

「私自身、四国を巡礼して歩いた頃は人の軒下に立って物乞いをした。貧乏人の気持ちはよくわかっているつもりだ」

と語ったが、発言を訂正することはしなかった。後々まで「いったん口外した以上、変えるわけにいかない」と話していたという。

ただ、今回の「失言」は、前回の記者会見での発言とは違うところが一つある。「ヤミなど正常の経済原則に反した商売をやられた人」が倒産して自殺してもやむを得ない、と対象を限定している点である。

終戦後、全国各地で闇市が誕生し、物不足に喘《あえ》ぐ人々が列をなしていたものだ。「ヤミ」というからには非合法であるけれど、配給制度が麻痺していた状況下、国民生活を支えた面もある。

闇市の多くは第三国人が仕切っていたが、度を越して悪辣な手段をとる事例も見られた。新橋や渋谷では暴動騒ぎも発生した。警官が袋叩きにされた例まであったのである。

昭和二十七年当時も「ヤミ」の余燼《よじん》が残っていた。不法占拠、密輸、密造……不当な財産形成を「手品」と皮肉る向きもあった。

池田がそうした「商売人」たちを念頭に、「倒産してもやむを得ない」と発言したのかは不明だ。だが、正常に、真っ当に商売をしている中小企業を指したものではなかったと、明記しておく必要はあるだろう。


日本には、「馬車」の時代が無かった。

西洋では古来、移動や輸送、軍事に馬車が使われた。車や鉄道が出現する以前、馬車の時代が存在した。

『日本史広辞典』によると、日本で馬車が使用されたのは幕末からだという。横浜の外国人らが乗り始め、明治二年には横浜―東京間で馬車営業が開業。だが三年後に鉄道が開通したため次第に衰退していった。

「乗り物」は「道」を切り開く。「馬車の時代」を経なかった我が国は、道路の整備が遅れていた。人でも馬でも、単独で通ることができればそれで済んでしまったからだ。

〈道路がきちんと通らないで、復興もクソもあるものか〉

角栄は道路の整備に執念を燃やした。交通網を整えなければ復興など夢のまた夢である。加えて角栄の脳裏には、故郷新潟の雪深い情景が浮かんでいた。

〈雪のせいで病院に行くことすら何時間もかかる。道路が整っていればそんなことはなくなる……〉

昭和二十七年六月、角栄はまず道路法を成立させた。大正八年成立の、旧道路法を改正するもので、国道を一級と二級に分け総距離を増やす狙いがあった。

〈まだ第一段階だ。財源が無ければ駄目だ〉

経営者として商売感覚も持つ角栄は、何事にも「金」の裏付けが重要だと考えた。そこで、続けて有料道路法とガソリン税法を成立させた。後者はガソリン税を専ら道路整備にあてるもので、裁量権が狭められる大蔵省の反対が強かった。しかし角栄は、大蔵官僚を個別に回って説得。さらには共同提案者に佐藤栄作から社会党左派の佐々木更三まで加え、与野党ぐるみで成立へと漕ぎつけたのである。

角栄はガソリン税法の意義を次のように語ったものだ。

「自動車が走るには道路がいる。自動車道路となれば舗装が必要だ。道路をつくり、舗装するには金がいる。車が走るにはガソリンが必要なのだからガソリン税をとって財源を確保すればいい。道路がよくなれば車が増える。それに伴ってガソリン税が入ればそれをまた道路に回せる」

しかもガソリン税法により「独自財源」を与えたことは、建設省に絶大な「貸し」をつくることにもなった。建設省は角栄のホームグラウンドと化し、その影響力は陳情その他で大いに発揮されてゆくのである。

角栄の成立させた道路法、ガソリン税法、有料道路法の「道路三法」によって、日本の道路は格段に整備されることになった。数値を調べてみたところ、昭和二十五年までは一万キロに満たなかった一般国道が、三十年には二万四千キロへ拡張している。四十年代に入ると三万キロまで広がったのである。

道路の拡大と軌を一にして、自動車の数も激増した。終戦後、十一万台だった自動車（四輪車）保有台数が、昭和三十年には四十四万台へと増え、四十年には六百万台を超えた。自動車の普及、すなわち「モータリゼーション」である。

車は人と物を運ぶ。人と物が動けば金も動く。道路三法はモータリゼーションを呼び起こし、高度成長の屋台骨となったのである。

炭管疑獄が響いたせいか、昭和三十年代前半までの角栄は、池田と異なり決してポストに恵まれなかった。無罪を勝ち取ってはいたが、まだまだ雌伏《しふく》の時代であった。けれどもその間励んだ議員立法は、日本発展の土台を築くことになったのだ。のみならず、役所へ深く浸透し、陳情力を飛躍させ、のちの跳躍へ向け力を蓄えていたのである。

バカヤロー解散

昭和二十八年二月二十八日。

またしても、「失言」で国会が揺れた。

また池田が——と思うのは早計だ。

事もあろうに、今回の火元は、御大の吉田であった。

その日、右派社会党の西村栄一が、衆議院予算委員会において質問に立っていた。対するは首相の吉田である。

「首相は国際情勢を極めて楽観しているようだが、いかなる根拠に基づくのか」

「アイゼンハワー大統領、チャーチル首相はじめ、そのような見解を持っている」

「私は欧米の政治家の見解を聞いているのではない。日本の首相として答弁してほしい」

この時点で、吉田は頭に血が上っていた。

「私は日本国の総理として答弁したのである!」

「首相は興奮せずに答弁されたい」

吉田の怒りの導火線に火がついた。「興奮しないでください」といって国民的な顰蹙を買った天才投手がいたが、冷静にたしなめるとかえって人は逆上するものなのか——。とまれ吉田はやってしまった。

「……何だ無礼者、バカヤロー」

この日のマイクは好調だった。吉田がつい口走った独言を、漏れなく拾ってしまったのである。

西村はいきり立ち、取り消しを求めた。吉田はその場で取り消したものの、懲罰動議を出されてしまった。しかも、鳩山派と広川派の裏切りで、動議は可決されてしまうのである。

農相の広川は吉田と微妙な関係になっていた。吉田が緒方を重用し始め、「和尚」の存在感は日増しに低下。一月の人事では幹事長を熱望したが、吉田の指名で佐藤が選出されていた。「疑心暗鬼を募らせる広川は吉田潰しの急所」――鳩山派の謀将・三木武吉はそう睨んだ。三木は広川に接近し、吉田への造反を焚きつけた。謀将の工作は効き始め、「和尚」はついに謀反を決意。懲罰動議に欠席し、可決の片棒を担いだのである。

野党は続けて不信任案を提出し、これまた可決。吉田は解散で対抗するが、鳩山派、広川派は脱党して「分党派自由党」を結成。保守分裂選挙となった。

「バカヤロー解散」の結果、自由党は百九十九名へと減退。だが池田は三度目の当選を果たし、角栄も連続トップで四たび永田町へ帰還した。

選挙後池田は政調会長に就任。副会長に水田三喜男や前尾繁三郎など政策通を取り揃え、「大政調会」と謳われた。事実、その実力は相当なもので、大蔵官僚たちは池田の許へ何かと通い、人事から政策まで逐一相談していたという。当時、副総理は緒方だが、「吉田内閣には副総理が二人いる。一人は緒方でもう一人は池田だ」と「池田副総理」の声まであがった。

通産相退任の頃は八方塞がりだった池田が、なぜ数か月で「大政調会長兼副総理」まで〝出世〟を遂げられたのか――それは変わらぬ吉田の寵と、大蔵省内外に張り巡らせた人脈と、政策力のためである。

殊に池田が特徴的なのは、「政策」を「実力」に結び付けられた点である。官僚時代から続く数字との対決は、池田を他とは一味違う、政策のわかる政治家にした。齟齬《そご》があれば妥協点を見出す調整力もあった。「政策で政権を支配している」と評された所以である。

およそ政界人の間には、「政策にこだわる奴は素人だ」などと政策を馬鹿にする風潮がある。微政策よりも何よりも、世渡りと駆け引きで「能力」をアピールしたがる輩がわんさといる。微生物のような小物までもが「俺は上手くやっている」などと己の「策士」ぶりを得意げに言い立てる。といっても、その「能力」が発揮されるのは、国会や地方議会の片隅だけだ。駆け引きが巧みと吹かすなら、北朝鮮とも上手くやって拉致被害者を奪還してほしいが、悲しいことにそんな能力はからきし無い。政策なんて難しくってわからないし、わかろうとする努力も面倒だから、安易にできる八方美人と付和雷同と分断工作を反復し、コップの中の嵐に終始しているわけである。

しかし池田、あるいは立法作業で力をつけた角栄を見ると、政策を学んだことが出世につながっているとわかる。池田と石橋の論戦は、「内紛に政策の衣を着せた」といわれたが、着せられる時点で他を圧しているのである。内紛だけの面々は、着せ方がわからず指をくわえているしかないのだから。

吉田が池田を引き上げたのは、そうした政策通ぶりも事由の一つだろう。池田はその後も吉田の個人特使として訪米し、ロバートソン国務次官補と防衛問題の交渉に勤しんだ。世渡りだけの政治屋なら、特使にできるはずがない。政策面でも使えるからこそ吉田は池田を重用したのである。

国会で野党議員から「吉田勇人君は」と言い間違えられるほど存在感を増していた池田だが、昭和二十九年春、俄かに暗雲が立ち込めてきた。

造船業者をめぐる収賄事件、すなわち「造船疑獄」が降りかかって来たのである。

幹事長の佐藤と共に、池田も収賄疑惑がかかり、三たび取り調べを受けた。この際宮沢が検察宛ての上申書をしたためる。池田の疑惑は誤解とする内容だ。それが効いたのか、捜査の手はまず佐藤に向かったが、犬養《いぬかい》健《たける》法相は指揮権を発動して逮捕を阻止。佐藤は政治資金規正法違反で在宅起訴されるにとどまった。

佐藤は次の人事で幹事長を交代し、池田が後釜に就任した。大蔵省の局長時代に漏らした「大政党の幹事長になりたい」との妄想が、現実のものとなったのである。

幹事長には複数の副幹事長が就く。池田の頭には、真っ先に一人の男が浮かんだ。

〈あの男……〉

まさに適任ではないか。行動力はあるし、顔も広い。ええかっこしいところが無くて泥も被れる。ちょっと危なっかしい面もあるが、金の扱いも馴れている。何より俺とウマが合う。

〈よし〉

池田はその男——田中角栄を副幹事長に指名した。

〈……悪くない〉

新副幹事長はほくそ笑んだ。地味なポストではある。しかし、未来の宰相候補の御相伴にあずかるのだ。自分の知見や人脈も広がるし、池田を取り巻く人の流れも金の流れも見えるだろう。何より「未来の宰相」の懐に飛び込める。共に〝組閣の謀議〟に携わった仲とはいえ、まだいくばくかの距離があった。それを一気に縮めるのだ。

〈池田により食い込む絶好の機会だ〉

ただ、角栄には不満もあった。

〈本来なら、俺は大臣になっていておかしくない〉

角栄より「格下」で、雛壇に座った政治家が何人もいた。大物官僚ならまだ許せるが、ゴマすりでひょいと座ったような連中には我慢ならない。〝組閣名簿〟を作成していた自身の僭越さは棚に上げ、伴食大臣たちに業を煮やした。

〈あいつらに、議員立法ができるかってんだ〉

角栄はすでにいくつもの立法を仕上げている。そのことに凄まじい自負を持っていた。実際、党人派の政治家で、政策を考えそれを法律にできるのは、指折り数えてもほんの数人しかいないだろう。端から政策に関心の無い連中が大半だ。バッジを付けていたいだけで、やりたいことなど何も無い。

〈……まあいい。与えられた場で全力を尽くすことだ。池田の手足となって一生懸命やればい

ずれ俺の財産になる。とにかく池田にもっと近づくことだ〉

地元の城は完成しつつあった。前年昭和二十八年には後援会「越山会」も結成され――「その二年前につくった」という向きも存在するが――、落選の心配は薄くなっていた。永田町により重点を置けるようになったのだ。

〈はじめ落選した俺がここまで来た。同じように池田に……〉

角栄は初出馬から今日までを振り返り、拳を握った。

天下取りで動いた娘の「政略」結婚

池田も池田で、角栄を見ていた。

〈あの男、実際どこまでやれるか〉

いかにも使えそうだとは思ったが、やってみなければわからない。人を見るに慎重な池田は、チョビ髭の仕事ぶりを観察しようと思った。

池田はリーダーシップのある反面、細かく指示を出さないところもあった。意を汲む、というのを好む面があった。

〈あの男が、そこに気づくかどうか〉

だが、俺が言わなくても先回りして動け、などとは言わない。意を汲め、という意も汲んでほしいのだ。そこで池田はヒントを与えた。

「おい、田中君。朝はできるだけ俺の家に寄れよ。君の家から党本部へ行く途中に寄れるだろ」

「あ、はい。そりゃいいですけど、特別何もなくてもですか?」

「そう、なるべくな」

「了解、わかりやした、毎日でも伺いますわ」

もとより角栄に異存はなかった。鴨がネギを背負ってきたと思った。人間、対面すれば打ち解ける。毎日顔を合わせれば、互いの存在が自然なものとなっていく。会わずにいると、「何をしているかわからない」などと妙な不信が芽生えたりもする。

〈よし、池田さんもああ言うんだ。毎朝行ってやれ〉

事実、角栄は、ほぼ毎朝、池田邸に通った。蔵相時代も大臣室へ出向いたものだが、それを上回るハイペースだった。

しかし池田は、せっかく角栄が顔を見せても、これといって指図するわけでもない。

「オウ……」

で、終わりだった。副幹事長をよそに記者や役人と懇談していた。

〈どういうつもりなんだ……〉

部下は上司の真意を測りかねた。仕方がないので茶の間へ上がって満枝夫人と話していた。

「やあ奥さん、池田さんはあっちで話してるんだ。何か、忙しそうだねえ」

「あら、申し訳ありませんこと……お茶お持ちしますわ」

「いや、奥さん、お茶じゃ駄目だよ。コップ酒持ってきて」

「はいはい（笑）。すぐ用意致しますわ」

満枝も気が利くこと一品である。難病患者を蘇生させた天性のホスピタリティは、政治家の妻となって磨きがかけられていた。副幹事長ともすぐに打ち解けた。角栄の話術もまた上手い。

「いやあ、朝鮮から帰ってくるときは大変でしたよ……風呂入ってたら、ソ連が攻めてくるって聞いて、慌てて服着て逃げて、それで全財産を寄付して命からがら帰国したんです。ホント、あのときはエライ目に会いましたよ……」

多少の誇張も交え、面白おかしく身の上を話した。いつとはなしに「池田家」とも親しくなっていった。

角栄には計算もあった。こうして家族と仲良くなれば、二重に池田とつながりができる。政治家同士というより人と人との結びつきができるのだ。

〈池田さんの外堀を埋めるのだ……〉

家庭は女が支配する。選挙でも、妻を味方にすれば夫が動く。「選挙の神様」たる角栄は、搦め手から攻める方法を体得していた。

副幹事長は、自分の家族のこともざっくばらんに話した。これまた面白おかしく紙芝居のように話した。

「いや全く、うちのシャモがうるさくて」

「シャモって何のことですの？」

「ウチの娘のことですよ。まだ小さくて、元気一杯なんだけど、元気過ぎてかなわん。枕元に来て説教するんだ」

「まあ、可愛らしいこと（笑）」

「ウチのは姉さん女房でしてね、連れ子がいるんです。やっぱり女の子なんだけど育てたのは僕なんだ。いい子ですよ」

「あら、ウチもですけど、先生のところも女性に囲まれているんですね」

「実はそろそろ適齢期なんですよ。いい縁がないものかと思ってるんですけどね……」

「あら、そうですか、私も心がけておきますわ」

「ええ、お願いします。どこかにいい婿さんがいれば世話して頂ければ助かります」

角栄は娘を売り込んだ。できれば池田の一族がよかった。そうなれば、娘も幸せになれるし、自分も得する。

「吉田学校」の最優等生と切っても切れない仲になる。

〈娘と俺と、みんな大団円だ〉

父として政治家として、角栄は娘の良縁を願っていた。

〈あの男、知らないうちに……〉

池田は角栄が妻と近しくなっていることに気づいた。そして驚いた。

〈やはり、並みの男ではない〉

転んでもただでは起きない男だ。まさか、家庭方面から攻めてくるとは――。

「田中先生って面白い方ですよ」

妻は角栄のことを褒めていた。

親族に取り入ろうとする連中はたくさんいる。だが、これほど強烈な印象を与えている者は他にいない。子供の結婚まで話題に上っているらしい。

「年頃の娘さんがいるんですって。あなたの親類の子に、あの方の娘さんをどうですかね」

当時、池田家に出入りしている遠縁の男がいた。彼のお相手に、角栄の娘はどうか――妻は夫に話したのである。

〈あの男と縁戚か……〉

池田は、面映ゆい感じはしたが、反対ではなかった。誰とでも仲良くなってしまう角栄の芸当に、脱帽する思いだった。

暗躍する角栄

「池田家」と懇意になった角栄は、主人の腹の内も読めてきた。

〈池田さんは、いちいち命令を下すとは限らんのだな。先回りして動いてみよう〉

政局は大荒れだった。造船疑獄と前後して、「保守合同」が焦点になっていた。はじめ副総理の緒方が新党計画を主導したが、総裁問題をめぐって頓挫。すると、前年十一月に自由党へ復党していた鳩山を中心に、反吉田勢力を集めた新党構想が浮上したのである。

幹事長の池田は混迷する政局を収拾しようと動いていた。池田の意図を察知した角栄は、情報集めに奔走した。いや、これまでも走り回ってはいたけれど、範囲を広げ、「勝手に」動き始めたのである。

これはある意味賭けである。意を汲むなどとたやすくいうが、「意」の在りかを知るのは本人のみだ。人間だから気分次第で「意」も変わる。意に添わなかったら「勝手に動くな」となる。「俺は知らん」と梯子を外されることだってある。有能過ぎると嫉妬され、警戒されることすらある。

〈自爆しないように気をつけなきゃならんが、俺だって池田とは結構長い。そう外すことはないだろう〉

角栄は国会や党本部、霞が関界隈を駆け回った。否、「暗躍」が正しいかもしれない。

「鳩山さんの方はどうなの？　いや、副幹事長として聞くんじゃない。俺個人として知りたいんだ。頼むよ」

角栄は新人の頃から「実弾」を放っていたものだ。ために、このチョビ髭に頭の上がらない議員が何人もいた。脅したりはしない。匂わせたりもしない。が、あうんの呼吸である程度の情報は出さざるを得ない。

「まあ……ねえ……実は……」

角栄「個人」にもたらされた情報を、選別して幹事長に吹き込んだ。「これはここだけの話で」などと口止めされたらそれは池田にも伝えない。約束を守れば信頼につながる。信頼されれば今後も「秘密」を教えてくれる。そうして築いた信頼関係は、必ず自分の財産になる。未だ入閣できぬ角栄は、立法作業に努めたときと同様に、己の成長を体感していた。

〈あの男……〉

やるな、と思った。池田と顔を合わせると、角栄はそれとはなしに言ってくる。

「昨日AとBが会ったようですな。Aは鳩山派のCと近いですから、良からぬ話をしたのかもしれません。Bは昔アンチ鳩山のDに世話になったらしいですから、そちらの方から攻めるといいかもしれないですな」

もつれた糸をほぐすように、複雑な政局を解いてみせた。幹事長が知らない話がいくつもあった。しかも断片的でなく、整理したうえで伝えてくる。何か問題がありそうなら解決策も示し、判断は池田にさせるという方式だ。

〈おそらく、政治勘では、すでに現時点で――〉

この男の右に出る者はいまい。佐藤よりも、吉田さんよりも上だろう。三木武吉が並ぶくらいか。悔しいが俺よりも上だ。

〈大平も宮沢も優れているが、政治家としてはこの男の方が断然上だろう〉

池田は側近たちと角栄を較べた。幕僚連は皆優秀だ。だが角栄の如き政局眼を持つ者はいない。大平は政治的に動けるが、とても角栄には及ばない。

幹事長の瞠目を見て取ったのか、あるとき角栄は池田に迫った。

「池田さん。あなたは石橋さんに拾い上げられて、それからとんとん拍子で政界を伸していかれた。今度はあなたが私を引き立ててください」

角栄の眼光は爛々と輝いていた。不気味な光さえあった。

「ウム……」

池田はお茶を濁したが、頭の中で角栄の存在がこびりついて離れなくなっていた。

〈使える。実に使える。ただ――〉

やはり置き場所が重要だ。

一つ間違えば、諸刃の剣になりかねない。

〈置き場所を決めるのは俺だ〉

荘厳たる庭石を眺めながら、池田は思った。

誰が、吉田茂に鈴をつけるか

昭和二十九年秋、池田も角栄も師事した吉田茂の時代が終わろうとしていた。

前述の通り、池田が幹事長になった頃から「反吉田新党」計画が浮上。この計画は破竹の勢いで前進し、十一月には鳩山らが自由党を脱党して「日本民主党」を結成した。この間池田は石橋湛山を除名するなど抗したが、うねりは止まらず新党結成と相成ったのである。

池田は石橋を除名する際、逡巡を重ねた。場は総務会。各総務が次々と立って「早く除名せんか！」と吠えた。しかしサインをする池田の手は止まっていた。

〈石橋さんのおかげで今の俺がある……〉

なけなしの金を献金した仲間を嵌める者、友人を黒幕に売り飛ばす者……背信渦巻く政界にあって、池田は恩を知っていた。

「俺には、ハンコは押せん……」

呆けたように上を向いたままだった。

副幹事長の角栄は、横の池田を観察していた。

〈新旧恩師の板挟みだな……〉

池田は石橋に拾われ政界へ出た。その後「吉田学校」に入学して「首席」を張った。恩師たちが睨み合う中弟子が真ん中に立っているのだ。

〈人ごとではない。俺にもそういう日が来るかもしれない〉

角栄の脳裏に池田と佐藤のことが浮かんだ。

〈俺はその二人の間に立っている。ひょっとしたらひょっとすると……〉

いや、今はそんな想像をしている場合ではない。角栄は現実に戻り、上司の耳元で囁いた。

「池田さん、心中お察し致します。しかし処分は決定されています。もう後戻りできません……」

副幹事長はゆっくりと幹事長の腕をとった。池田は観念したかの如く、手を震わせながらサインをした。

〈俺は恩人を……〉

池田は政治を恨んだ。自分の恩師は吉田茂だ。何度も大臣にしてくれ失言しても庇ってくれた。今回も逮捕寸前だったのに幹事長にしてくれた。だからこうして吉田さんのために戦っているのだ。

〈だけど、きっかけをつくってくれたのは石橋さんだ〉

「赤切符」だった自分を次官にしてくれた石橋。次官になれたから政界へ出られ、吉田にも出会えた。石橋がいたからこそ自分は栄進できたのだ。「抜き打ち解散」のときも石橋除名に加担したが、あのときは幹事長ではなかった。責任者として除名を決定するとなると——池田は自己嫌悪で押し潰されそうになった。

〈いつか、笑って話せる日が来ればよいが——〉

幹事長はサインの忌わしい感触を忘れようと努めた。

池田の苦悩は石橋も了としていたようで、両者は再び上司と部下の関係に戻る次第となる。

石橋、鳩山らの去った自由党が衆院百八十名へと減少する一方、日本民主党は百二十名を超えた。左右社会党を足すと過半数を超え、内閣不信任案が成立する状況となった。

追い詰められた吉田は解散を決意。だが首脳会議で副総理の緒方らは強く反対し、解散同調者は池田と佐藤だけだった。「ワンマン」は総辞職せざるを得なくなり、都合七年を超えた吉田内閣は終焉を迎えることになった。満枝によると、総辞職の夜、池田は涙を流したという。

昭和二十九年十二月、吉田退陣後に鳩山一郎内閣が登場した。自由党総裁には緒方竹虎が就任。新たな時代がスタートしたのである。

しかし池田と角栄にとっては、冬の時代であった。

昭和三十年二月の選挙において、それぞれ四選、五選を果たしたが、これといって顕職には就かず、冷や飯を食わされていた。

ただ、角栄は、現状への不満より、将来の不安の方が大きかった。

〈いずれ、選ばなければならない〉

池田と佐藤のことである。

吉田が王座を退いた以上、「後継者事案」が発生する。自由党の総裁は緒方が継いだが、「吉田派」の後釜は決まっていない。いないが、衆目の見るところ池田と佐藤で一致していた。問題は、はたして一本化されるかということだ。

〈おそらく、池田派と佐藤派に分かれるだろう〉

そのとき、どちらに付けばよいか――。

鳩山の天下など長く続かない。それより、身の振り方を誤ってはならぬ。角栄の主たる関心事はそこにあった。

〈冷静に、政治的利害を考えなきゃならん〉

ウマが合うのは池田の方だ。話していて面白い。娘の嫁ぎ先の相談までしている。

〈ただ――〉

池田の周辺が気になった。前尾、黒金、大平、宮沢……大蔵省以来の側近たちが親分を取り囲んでいた。

〈俺は、外様になってしまう〉

いくら個人的に親しくなろうと、「大蔵一家」でない自分は、「その次」の存在にしかなれまい。

〈その点、佐藤は違う〉

池田のように優秀な家来が揃っているわけではない。佐藤派に付けば、俺はすぐに代貸しになれる。ポストも恵まれるはずだ。兄の岸信介もいずれ出てくる男だから、そちらの方面にも手を伸ばせるかもしれない。

〈それに、池田の方には大平がいる〉

盟友とは別の派に属す方が得策だ。パイプ役として情報交換など期待できるし、「次の次」の後継者をめぐって争わなくて済む。

〈――ほぼ、答えは決まったな〉

角栄の頭には威厳のある男の顔が浮かび、汗びっしょりになった。しかしそれは、あの眼のせいだけでなく、いざそのときを迎えた際の、立ち回りの難しさを考えたせいもあった。

〈両方と、上手くやっていかなければ――〉

佐藤に付くにせよ、池田と切れてはならない。「吉田学校」の優等生二人と共に歩んでいくのが俺の道だ――この野心満々の政治家は、武者ぶるいしながら汗をぬぐった。

池田と佐藤の隙間風に角栄は

昭和三十年は、「政治の年」であった。

四月、統一地方選で創価学会系候補が当選。学会の政界進出が始まった。

七月、それまで暴力革命を志向していた日本共産党が、第六回全国協議会にて武装闘争を自己批判。「平和革命」へと舵を切った。

十月、左右社会党が統一して「日本社会党」が誕生。

そして十一月、自由党と日本民主党が合同し、「自由民主党」が結成された。自民党と社会党を中心とした「五十五年体制」が始まったのである。

自民党の結党前夜、吉田派幹部が林譲治邸に集まって、新党への対応を協議している。列席者は「吉田十三人衆」と称された池田、佐藤、角栄ら十三名である。

鳩山や緒方の主導する保守合同に対しては、感情的には反対であるものの、参加やむなしというのが「十三人衆」の大勢であった。

池田と佐藤は加入に反対した。その場にはいないが吉田も不参加を表明していた。だが池田は翻意して入党を決断。佐藤は反対を貫き不参加を決めた。息子の信二によれば、佐藤は池田の入党を、「びっくりした」と語っていたという。

「びっくりした」──要は「裏切られた」と思ったわけだ。案の定、「吉田学校」の首席と次席の間には、隙間風が吹き始めたのである。

余談だが、池田と麻生和子にも、一悶着起きている。和子は「吉田も新党参加」との報道に、「池田が父を無理に入党させようとしている」と激怒。会食中の池田の許に押しかけて、「どこまでパパを利用すればいいの！」などと噛みついた。〝標的〟はじっと耐えていたが、帰宅後荒れに荒れたということだ。

で、角栄はといえば――。

この目先の利く政治家にとっては、そこにいること自体が重要だった。「吉田派幹部」として会議に列することそのものが。新党に参加するか否かよりも、断然に。

〈これで俺は、「吉田学校」のメンバーだと胸を張って言える〉

それまでだって角栄は、「吉田学校」の一員であろう。校長のお目通りはかなっているし、優等生の池田、佐藤とも親しい。さらには吉田の婿の麻生にも近い。「吉田学校の生徒」を掲げて一向におかしくない。

だが角栄は生え抜きの自由党ではない。民主党からの離脱組だ。大臣にもなっていない。「入校資格」の一つと見られる官僚出身でもない。逮捕もされている。ケチをつけようと思えばいくつもつけられた。実際、角栄が「吉田学校」の生徒だった「事実」を疑問視する向きも一部にある。

〈俺を闖入者《ちんにゅうしゃ》扱いしてる奴らも、あの場にいた事実の前には何も言えまい〉

「十三人衆」が集まったことは新聞にも報じられ、そこには角栄の名も当然ある。印象論ではなく記録された事実として、「吉田学校」のメンバーと見なされたのである。

〈最後まで吉田さんに付いて行ったことは必ず俺の評価を上げる〉

後世「保守本流」と謳われる吉田派も、鳩山主流の当時は「反主流」「冷や飯組」の代名詞であった。ゆえに「吉田派」のレッテルを貼られまいと警戒する空気さえあった。そうした

「逆風」を意に介さず、角栄は先を見据えていた。

〈痩せても枯れても長年政権を担った実績は大きい。「吉田学校」の人脈がまた表舞台に出る。特に池田と佐藤だ。あの二人は必ず宰相になる。あの二人と離れないことだ〉

天賦の政治勘を持つ角栄は、過去、現在、未来を慮って政局を読んでいた。その洞察は余人の及ぶところでなかった。

有象無象の政治家どもが鳩山だ、次は緒方か、岸か、などと騒いでいるとき、角栄はそのまた次を読んでいた。いや、読むどころかはっきり見えていた。「池田政権」「佐藤政権」が。吉田派のままか、鳩山へ移るか、という選択肢は無かった。そんなもの「吉田派」に決まっている。問題は、やがてやって来る、「池田内閣」「佐藤内閣」において、重要ポジションを確保できるかだ。

〈ほぼ、決まってはいるが――〉

池田に付くか、佐藤に付くか、角栄はまだ踏ん切りがつかなかった。九分通り、「佐藤」に決めてはいた。が、決定的に踏み出すにはなお時間が必要だった。フライングをしたら、片方の政権では重用されても、もう片方では干される羽目になりかねない。双方から「裏切り者」と思われないことが、両政権で累進するための絶対条件だ。

〈あの件が成就すればいいのだが……〉

〝ハムレット〟角栄の頭に静子が浮かんだ。池田に縁談をお願いしている連れ子だ。念願通り、池田の親族に嫁入りできれば、己の行き方も最終決定する。

そう、やはり佐藤派である。池田と縁戚関係を結べれば、佐藤に付いても角は立たない。否、立つであろうが収められる。「裏切り者」と思われたとして、「縁者」という事実がその感情を和らげる。深奥にかすかな不信が残っても、親類ならば切るに切れない。

佐藤に対しても箔が付く。「あなたを選んだ」の前に「縁戚の池田よりも」とおまけが付く。鋭敏な佐藤のこととて全てを看破するかもしれないが、傘下に入る以上、マイナスの印象を抱くことはないであろう。むしろ、池田とのパイプ役に使えると、評価を増すことになるはずだ。

〈俺の前途もあの件次第かもしれぬ〉

一石二鳥を好む父親は、娘の良縁を切に願った。

「角栄は能力が高い。ただ、中心に置く石ではない」池田勇人

昭和三十年十一月に結党された自民党は、鳩山一郎が初代総裁に就任。池田、角栄は入党したが、吉田、佐藤は参加せず、旧吉田派も新局面を迎えた。

旧自由党では緒方が次期総裁候補として控え、池田は二番手に甘んじていた。旧日本民主党系では岸信介、石橋湛山らが「次」を窺う存在であった。

だが緒方は結党間もない昭和三十一年一月に急逝。その年師走に行われた総裁公選において、岸、石橋、緒方の「後継」石井光次郎《いしいみつじろう》が立候補することになった。

旧吉田派は総裁選への対応をめぐり協議を重ねた。はじめ独自候補として、林譲治、益谷秀次、池田、佐藤——まだ「党外」だが——のいずれかを立てる方向を模索した。

しかし佐藤は、実弟という立場もあり、兄の岸を推すと主張。池田も「石井光次郎をやる」と言い出した。三候補の中で、石井だけが旧自由党である。そのよしみかと見る向きもあった。けれども――角栄は、池田の本心を瞬時に見破った。

〈池田さん、本音は石橋だな……〉

三陣営の工作は激化し、石井、石橋連合が出来つつある状況だった。石橋は吉田派と縁もゆかりも無い。表立っては推しづらい。だが連合と相成れば、自由党系の石井をダシに使って石橋を支援できるというわけだ。

〈昔の御礼と、この前の償いだな〉

次官にしてくれた御礼と、除名した過去に対する償いが、池田が密かに石橋をやったことの根底にあった。

〈なおかつ、「石橋総裁」のが将来に向けて有利と見たんだろう〉

自由党系の「石井総裁」が誕生すると、「次は民主党系で」とたすきがけ人事を求める声も出かねない。逆に、鳩山の後また民主党系の石橋なら、「次こそ自由党」との気運が高まる。「石橋総裁」下で力を養い、石井に取って代わって自由党系の代表としてポスト石橋に出る。自由党の嫡流をもって任じる池田は、石井は傍流との意識を潜めていた。

ポストの面でも、三番手で燻《くすぶ》っていた石橋を推す方が、二番手と見られた石井をやるより恵まれると思われた。二位を一位にするよりも、三位を一位にする方が、一層貸しをつくれるのだ。

政治家は義理か利害で人を選ぶ。フリーハンドの池田はこの二つを混ぜ合わせ、「石橋総裁」に向け伏兵の役割を演じたのである。

結果は思う壺だった。

当初五人で総裁選に臨んだ石橋が、一回目の投票で岸に次いで二位となり、決選投票では三位の石井と連合を組み勝利。総裁の椅子に着席したのである。

基礎票に劣る石橋が、激戦を制した要因の一つに、池田の水面下の動きが挙げられた。事実、石橋は公選後、「池田君が陰で随分やってくれた」と漏らしている。くっついたり離れたり忙しかった両雄は、勝負所で元のさやへ収まったのである。おかげで石井との仲にはひびが入ったが、長らく逼塞《ひっそく》していた「吉田学校」の総代は、この総裁選を機に晴れ舞台へ復帰することになった。

——ところで、この総裁選の直前。

池田と角栄の身に、総裁選以上に重要な出来事が、二つ、重なった。

まず、旧吉田派が、とうとう池田派と佐藤派に分裂したのである。

総裁選で別行動をとった同級生同士が、それぞれ一派を構えることになったのだ。

そして、竜虎が袂《たもと》を分かった日——。

ある結婚式が挙げられた。

東京・三田の三井倶楽部。かの「鹿鳴館」を設計したコンドルの手による荘重な建物だ。

披露宴は二階で開かれていた。

新郎新婦とも、身内に政治家がいた。

花婿側のそれは、眼鏡をかけていて、ガラガラ声だった。

花嫁側の方は、チョビ髭を生やし、ダミ声だった。

二人とも、目立った。

政治家だから、ではない。先入観にとらわれなければ議員も一般人も変わらない。ガラガラ声とダミ声には、人として存在感があった。

その二人とは、池田勇人と田中角栄――池田の縁者と角栄の娘が、結ばれる日が来たのである。

〈ついに、このときが――〉

角栄の感慨はひとしおだった。

池田を見込んで十年近く。出会いは池田がまだ次官の頃だった。

蔵相にしようと駆け回り、副幹事長として仕えもした。共に〝組閣名簿〟もつくった。「ワンマン」の失脚後は一緒に下を向いて歩いた。何があっても離れなかった。池田に近づこう近づこうと腐心した。

なぜか。池田を未来の宰相と見たからだ。吉田、池田、佐藤の三人に添うことが、政治家としての生きる道だと見たからだ。

〈満枝さんにはいくら感謝してもしたりないくらいだ〉

この日を迎えられたきっかけは、満枝に娘の縁談をお願いしたことだった。「満額回答」してくれたのだ。

〈しかも、家柄抜きでいい男だ〉

角栄は新郎の山持巌《やまじいわお》をいたく気に入っていた。見合いのときから好感を抱いた。山持にとっては急なお見合いだったようで、仕事帰りに池田邸へ寄った際、「すぐ一番いい服に着替えて来い」と命ぜられ、おっとり刀で来たそうだ。

〈娘も名家の好青年に嫁げたし、俺の前途も開けた。ただ……〉

踏み切らなければならない。前々から考えていた、「新しい道」への第一歩を。

〈辛いが、条件は完全に整ったんだ〉

角栄は、池田に切り出すタイミングを見計らっていた。

池田はすっかり出来上がっていた。

〈あの男と親戚か……〉

初めて会ったときから、何かこう、ぴんと来るものはあったが、縁戚関係を結ぶまでになるとは。

〈人と人との出会いとか、運命とか、わからんものだな〉

祝い酒をあおりながら、新郎新婦を見遣った。

ふと、角栄を見ると、何やら言いたげだった。

「おい、どうした。何か言いたそうじゃないか」

「池田さん、俺、今から行かなきゃいけないんだ」

「えっ？　どこへ」

「佐藤派の結成式」

「エッ！　何だ、君はこっちじゃないのか」

「いや、俺は佐藤派に行く」

角栄は席を立とうとした。

「お前、どうしても佐藤のところへ行くのか」

「池田さん、すまん！　俺はあんたとも近しいけどやっぱり佐藤とは一歩先親しいんだ。だから、あんたの方には行けないんだ」

角栄は振り切るように部屋を出た。階段へ向かった。飾り付けのロダンの彫刻を横目に一階へ降りた。

〈池田さん、ごめん！　俺にも野心があるんだ〉

新婦の父が複雑な思いで玄関へ足を運んでいると、新郎の縁者が追いかけてきた。

「お前んときは俺が手伝ってやるから」

池田は角栄の心中を見透かしたように言った。やはり池田も政治家だった。角栄の目論見を全てわかっていたのである。

〈さすがは池田さんだ。全部わかってたんだな〉

角栄は少し照れくさかった。けれど、ちょっぴり嬉しくもあった。わかった上で、縁結びを了承してくれたのだから。だが披露宴を出た角栄は、父ではなく政治家だった。

「それは駄目だ。挙措進退《きょそしんたい》は明らかにしなくちゃいけない」

ぴしゃりと返した。

〈これでいいんだ。これが俺の道なんだ〉

角栄は足早に外へ向かっていった。

〈あの男……〉

視界から消えた角栄を見ながら、池田は嘆息した。

〈一筋縄でいく男ではないと思っていたが、こうもすっぱりと……〉

角栄が佐藤とも親しいのは言われなくてもわかっていた。現に総裁選も、佐藤と共に岸で動いている。しかし、それはそれ、自派に来るのは間違いないと思っていた。

〈あの男なりの成算で、佐藤に付いたんだろうが……〉

角栄の並はずれた野心も、池田、佐藤と同道するという戦略も承知していた。だが、道が二つに分かれたときに、縁者でない方を選ぶとは。その一点だけわからなかった。

なぜわからなかったか。これはもう、池田と角栄の政治勘の差であった。池田の勘も読みも優れてはいよう。が、角栄のそれは、およそ常人の域を超えていた。池田の数段先を走っていたとしか言いようがない——。

〈きつい奴だ。あの男は〉

情に流されず自分で決断するというのは評価できる。しかし、縁談を自分で持ち込んでいながら、こちらに来ないとは――。

〈能力は高いし、話も合う。こうなっても嫌いにはなれない。ただ、中心に置く石ではない〉

池田は頭で庭石を並べた。

「私は謀《はか》って大臣に」角栄初入閣のスピーチ

総裁選の翌日、角栄は朝一番で池田邸の門をくぐった。

〈満枝さんに一言言っておかなければ〉

角栄は満枝に申し訳ないと思っていた。「結果として」夫の方には付かなかったのだから。

「あ、奥さん、今回はすいませんでした。私は佐藤派に行くことになって岸さんをやったけど、こちらにはいつでも帰って来られると思ったからなあ。勘弁してくださいよ」

公選の対応にかこつけて釈明した。聡明な満枝も理解した。すぐに動いて何事もなかったようにしてしまうのも角栄流である。

さて、石橋政権が発足し、池田は大蔵大臣に就任した。無論、論功行賞である。かつて、大臣と次官だった二人が、今度は首相と蔵相として、内閣を牛耳ることになったのである。

外相には岸信介が任命された。角栄いわく、「当初入閣を拒んだ岸を、僕と佐藤が説得して翻意させた」のだという。池田、佐藤、それに岸……総裁選から佐藤派への流れで、角栄の力が増していく様が手に取るようにわかる。「自分が説得した」とは誇張でも、その場にいることそのものが、すでに「実力者」の証である。

石橋・池田は「一千億減税・一千億施策」のキャッチフレーズを創作し、世論の受けは上々であった。

早期解散を決めていた石橋は、選挙に向けて全国遊説を開始。石橋、池田、岸らを中心とした遊説は、行く先々で歓迎を受けた。特に池田の演説は人気だった。経済政策をわかりやすく語り、話の終わりに
「皆さん、池田は男です。池田はウソは申しません。約束したことは必ず実行します」

と、名台詞を決めるのだ。これが出ると聴衆は大喝采だった。

ところが石橋は病に倒れた。内閣発足一月後、母校の就任祝賀会にて風邪をひき、肺炎まで併発。療養に専念するも回復せず、在位約二カ月で総辞職した。退陣と前後して、鳩山自民党への参加を拒否した吉田と佐藤が入党している。

昭和三十二年二月、石橋内閣の跡目に岸信介内閣が成立。石井光次郎を新たに副総理に加え、前内閣の閣僚をそのまま引き継いだ。

池田も蔵相に留任したが、岸は七月、自前の内閣をつくるため改造を行った。石井以外の閣僚は交代となり、池田も閣外へ去ることになった。

この改造内閣において――一人の男が、池田と入れ替わるように内閣へ入った。

田中角栄郵政大臣、三十九歳。

待ちに待った初入閣だった。

就任挨拶でこう切り出し、先手を取った。

「私は謀って大臣になりました……」

省内に笑顔が広がり、和やかな空気が流れた。角栄もまた笑顔だった。

〈出だしは悪くない〉

新大臣はまずまずのスタートを切った。

だが——就任までの内実は、手放しで喜べないものがあった。

角栄本人は、「石橋内閣で入閣することが内定していた」と語っている。しかし親分の佐藤によって、直前で外されてしまったのだという。

今回の組閣でも、角栄の処遇は宙に浮いていたとの話がある。そこへ河野一郎が、「約束を反故《ほご》にして田中を使い捨てにするのか」と怒鳴り込み、ようやく実現したというのである。それが事実だとすれば、前回の組閣の際、角栄は「次期入閣」を約束されていたにもかかわらず、またも先送りされる可能性があったということだ。

河野の怒りの矛先を突き詰めれば——岸、佐藤兄弟が、「密約」を知りながら、角栄の入閣に積極的でなかったことになる。

ちなみに角栄は組閣前、河野が自分の入閣に反対しているとの噂を聞きつけ、サシで問い詰め「誤解」という回答を得ている。想像を繰り広げれば、噂の出所が岸、佐藤だと思えなくもない。

〈本当の敵が正体を現した……〉

閣僚呼び込みが始まるまで、角栄は不安と恐怖で汗びっしょりになった。入閣できるかどうかとの不安と、「巨大な敵」の影に対する恐怖である。

〈池田と佐藤も分裂したんだ。いつか、そういう日が来ると思ってはいたが……〉

しかし、早い。佐藤が初入閣の段階で何度も押さえつけてくるとは。

〈俺がもっと大物ならいざ知らず、大臣の一回や二回で警戒するっていうのか〉

角栄はあの眼を思い浮かべてハンカチを取り出した。

角栄は敵の多い政治家だ。蔵相時代の「天下をとるには敵を減らすことだ」という発言が、しばしばクローズアップされているが、当時の角栄の立場を知らないと、ニュアンスが上手く伝わらない。敵が多いからこそ減らす努力をしていたのである。

昭和三十年代から四十年代にかけて、角栄は重要ポストを累進した。それに伴い新聞や雑誌に出る機会も増えたが、その際「反発もある」「無教養との声もある」等々批判の声が付け加えられていたものだ。そもそも普通に考えて、若くして要職を歴任している政治家が、やっかまれないはずがない。敵が減ってきたのは後輩が増えた時期からで、中堅・若手時代は先輩や同輩たちに睨まれていたのである。

批判の声もあることは、角栄も重々承知していた。だからこそ、金を配るなどしてなだめてきたのだ。けれど、親分の佐藤が、自分の入閣すら躊躇するとは思わなかったのではないか。

政治家同士の関係は、「ママ友」に似ている。近いほど様々な面が見え、近親憎悪が芽生えるケースがままある。元ボスの足を引っ張る秘書出身議員、側近を次々と追放する大物政治家……無類の政治勘を持つ角栄も、佐藤と戦う可能性を視野に入れていたには違いない。とはいえ「決戦」は先の話で、初入閣の時点でジャブが飛んでくるとは想定外だったと思える。

佐藤が単に角栄を嫌い、評価しなかったわけではないはずだ。勘の良さや行動力、集金力は高く買っていたに決まっているし、池田ではなく自分を選んだことへの感謝もあっただろう。

加えて「造船疑獄」の恩もある。政治資金規正法違反で起訴された佐藤は、鳩山内閣時の国連加盟恩赦で救済されたが、これには角栄の尽力があった。官房長官の根本龍太郎に頼み込み、係争中の事案も免訴とさせたのだ。喉に刺さった骨を除去した労を、「被告」は多としていたに相違ない。

だが、入閣適齢期で、しかも前回外した経緯があるのに、今回も推さなかったとなると——端的に、「大臣にしたくない」との「意志」があったことになる。換言すれば、佐藤は角栄を閣僚に相応しくないと見たわけだ。党務では使えるし、議員立法も仕上げてはいる。有能だ。ただ、あの手のガラッパチを、天皇陛下から認証される「大臣」にしてよいものか、と二の足を踏んだのだ。

佐藤が好んだ政治家は、概してスマートな秀才だ。福田赳夫、宮沢喜一、さらには共産党の不破哲三まで贔屓《ひいき》にした。キレ者だがスマートではない角栄に、能力以外の面で辛い点数を付けていたということだ。

「親分」の憂慮を問題とせず、爾後角栄は閣僚ポストを歴任するが、節目で「妨害」された不信感は残った。現に佐藤の没後まで、石橋内閣で入閣を飛ばされた件を恨みがましく述べている。

〈しかし、佐藤も位人臣《くらいじんしん》を極める男だ。何食わぬ顔をしてやっていかなければ——〉

もとより「打算」で佐藤派に付いたのだ。角栄も角栄で、佐藤に複雑な思いを抱いていた。

角栄によるテレビ時代の幕開け

角栄は初入閣の十日後、大磯の吉田茂を訪れている。手土産として良寛の掛け軸を持参したのだが、そのときのやりとりが振るっている。

「もし、偽物だったらご勘弁を……」

角栄は恐る恐る掛け軸を差し出した。

すると、その頃「都知事候補説」が囁かれていた「ワンマン」は、すかさず得意の毒舌で返した。

「君が持っていれば偽物だが、ワシが貰えば本物になるさ。本物か偽物かは持ち主次第だよ」

一部で知られるこの掛け合いは、時期について色々な説が流れているが、昭和三十二年七月二十一日というのが正解である。

御大への挨拶を終えた新大臣は、早速大きな仕事に取り組んだ。

テレビ免許の問題である。

日本のテレビ放送は昭和二十八年に始まった。はじめNHK、次いで日本テレビが放映を開始。テレビ事業に参入しようと全国から申請が殺到していた。だが郵政省は免許付与に消極的で、歴代大臣もかかしの如く動かなかった。

〈この問題を処理すれば、メディアに貸しをつくることになる。俺の名を知らしめることにもなる〉

新大臣は就任早々、解決へ向け始動した。

申請者は百を超えていた。角栄はこれを地域別にまとめ、不服が出ると次のように強引に押し切った。

「不承知なら却下処分にするから行政訴訟を起こしてもらって結構。行政訴訟は十年くらいかかるだろうけど、そのとき私は郵政大臣ではないから、よく考えてください。念のため」

事務方の反対も大臣決裁で覆し、娯楽番組が氾濫するとの批判には、「放送のうち教養番組を三〇％以上」と条件を付けて対処した。

最後の砦の電波監理審議会も攻め落とし、十月二十二日、ＮＨＫ七局、民放三十六局に予備免許を与えた。就任から実に三カ月の早業で、数年来の懸案を解決したのである。

角栄の決断によって日本はテレビ時代を迎えた。前年昭和三十一年に二・三％だったテレビ普及率は、五年後に六割を超え、十三年後の四十五年には九五％弱まで上昇。テレビの普及は情報、経済、その他諸々の分野に多大な影響をもたらし、社会全体に計り知れない波及効果を及ぼした。議員立法をもって日本復興の礎を築いた角栄は、今またテレビ時代の幕を開け、さらなる発展への道を切り開いたのである。

〈見たか！　俺の手腕を！　ゴマすりで大臣になった連中との違いを！　……これでマスコミにも決定的な貸しをつくった。俺の影響力は社会全体に浸透していくだろう〉

ただ、何事も運用いかんである。テレビのマイナス面に関しては、当時も盛んに指摘されていた。中でも有名なものが評論家の大宅壮一による「一億総白痴化」である。「白痴番組」が並ぶテレビによって、国民が愚かになるとの警鐘だ。角栄はこうした批判を「全く遺憾」であるとして、「予備免許を致した際にも娯楽に偏重しないよう要望した」と述べている。が、残念ながらここは大宅に軍配が上がったようである。

快刀乱麻を断ってテレビ免許を片づけた角栄は、続いて「地盤」の拡大を図った。

その頃千百五十一局だった特定郵便局の「二万局設置構想」を打ち出したのである。

明治以来、名望家が世襲してきた特定郵便局は、保守政党の支持基盤の一つだ。土建業者や医師会らと同様に、選挙や資金で自民党を支えていた。新大臣は「職権」を使って「地盤」を強化しようとしたわけだ。

この構想は大幅縮小を余儀なくされ、五年で一万局、初年度二千局に落ち着いた。狙い通りにはいかなかったものの、角栄と特定郵便局の結びつきは強まり、田中派に郵政族議員が割拠した。「構造改革」を叫ぶ総理によって特定郵便局は廃止されたが、その後も郵便関係者は町の名士として「政治イベント」に顔を出していたものである。

テレビで新時代を開拓し、足元も固めた新大臣は、懐古趣味も発揮した。

郵政省を「逓信省」に戻そうとしたのである。

郵政省の元祖は明治十八年に創設された逓信省だ。幾多の変遷を経て「郵政省」に至ったが、省内外の要請もあり、角栄は伝統回帰を試みたのだ。

「逓信省法案」は閣議決定を経て衆議院も通過。しかし参議院で落とし穴が待っていた。新大臣は審議中、天下りの話題が出たとき「公務員が国民の所へ行くのは天上がりだ」と発言し、「逓」が難解だとの指摘が出るや漢字知識のペダントリーを展開した。これらの答弁に野党が激怒、根回しは済んでいたのに「舌禍」で流産してしまったのである。

角栄は「口は災いの元」と反省の弁を述べているが、律令制以来の名称を変えて恥じぬ首相や大臣もいる中で、その志やよし、である。

池田、「賃金二倍」がひらめく

角栄が表舞台でスポットライトを浴びていた頃——。

在野の池田も将来へ向け重要な組織を旗揚げした。

昭和三十二年十一月、のちに池田派となる「宏池会《こうちかい》」を発足させたのである。

設立趣意書にある通り、この会は「池田勇人の政治活動を支援する」ために創設された。

名称の由来は次に掲げる後漢の馬融《ばゆう》の句である。

「高光の榭《うてな》に休息して宏池に臨む」

選定者は陽明学者の安岡正篤《やすおかまさひろ》である。お歴々が集まって相談した折、池田の「池」も入っているので即決となったそうだ。この名称はその後も自民党内で特別な響きを持って受け継がれた。

安岡は終戦の詔書に加筆したことで知られ、「歴代総理の指南役」とも評された。田中角栄首相の退陣表明文も添削し、「大地を打つ豪雨に心耳《しんじ》を澄ます思いであります」の「心」は安岡が挿入したものである。

事務局長には田村敏雄が就任。田村は池田と大蔵省の同期で、戦前満州に渡った際、ソ連の捕虜となりシベリアに抑留された過去を持つ。帰国後、池田の世話で大蔵省の外郭団体に就職し、昭和二十九年には「進路」なる雑誌も創刊している。

田村はマルクス主義を「研究」し、かなりの水準に達していたとされる。「進路」はその趣向に満ちており、「日本は一体どうなるのだろう?」の一文で始まる創刊号一頁の巻頭言には「階級的立場」「階級対立」といった字句が並ぶ。

田村は池田の人と金を管理した。下村治らブレーンを集め、専門的な意見をわかりやすくまとめ池田に届けた。大蔵省出身だけに資金もきっちり扱った。池田も同期生を補佐役として友人として信頼していたという。

宏池会初代事務局長は昭和三十八年に永眠。「進路」の田村追悼号には池田や前尾らが弔詞を寄せた。事務局の後輩も、「田村さんがいなければ宏池会の活動はできなかった」と先輩の活躍を称えている。

だが――。

池田の没後、二年五カ月が過ぎて。

昭和四十三年一月二十二日の読売新聞朝刊に、驚くべき記事が出た。

その記事は「この日本の中で　渦巻くスパイの影」と題せられ、「故池田首相の〝カゲの男〟」と見出しが付いている。

中身は何と、田村が――記事中では「T」――ソ連のスパイだったというものだ。昭和二十九年、駐日ソ連代表部のラストボロフがアメリカに亡命し、日本での工作活動を明らかにした。田村はこの男の協力者だったというのである。

記事によれば、警視庁の尋問を受けた田村は、はじめ口を濁していたが、やがてラストボロフとの接触を認めた。シベリア抑留時代、帰国後ソ連の協力者となるよう強いられ、誓約書にサインしていたのである。

ラストボロフは田村が有力政治家と親しいことに着目し、月一、二回のペースで接触を求めてきた。場所は明治神宮外苑や日比谷公園で、報酬は月二万円。五十万円寄こすこともあった。田村は「新聞の切り抜き程度の情報しか出していない」と話したが、取り調べの数日後、自ら警視庁にやってきて、「私のことが外部に知られたら生きていられない。逮捕のときは前もって教えてください。自殺します」と泣き出したという。

また、平成二十四年九月発売の『別冊正論』十八号も、田村がスパイだったとする記事を掲載した。

それによると、警察は田村を「フジカケ」なるコードネームを持つスパイだと見ており、池田と大平にもその情報は伝わっていたということだ。抑留時代の田村から、「ソ連のスパイになれば日本へ早く返すと言われたが、どうしたらいいだろう」と相談された人物の証言も紹介されている。

さらには元警察官僚の佐々淳行も、著書『私を通りすぎたスパイたち』の中で、様々な文献や記事を引用しながら「田村＝フジカケ」説を追認している。

これだけ揃えば、もはやデマだと笑い飛ばすのは不可能であろう。あろうことか、代表的保守政治家の補佐役が、マルクス主義を「研究」どころか「実践」していたのである。

昭和五十七年のレフチェンコ事件でも、意外な人士がソ連のスパイと発覚したが、いずれも「政治的」な枠の中で知り合い、身を売ったものだ。田村は違う。池田と二十代からの仲間なのだ。「人間」は容易に見抜けないことを示す見本のような話ではないか。

「フジカケ」が晩年、池田と疎遠になったことは「定説」のようになっている。田村は池田と対等に接したが、それが原因で首相となった同期生から煙たがられたと解説される。

事実は違うだろう。田村がソ連のスパイだと判明したからであろう。「別冊正論」によれば、自派の事務局長がエージェントだと聞いた池田は、「この話は内輪で伏せといてくれ。大平に処理させるから」と事を荒立てないよう頼んだという。同期生として信頼し、人と金を託した田村の正体が「フジカケ」だと知った池田の胸中はいかに――。

ちなみに読売の同記事には池田自身の話も載っている。

池田が癌だと数人しか知らないはずの段階で、西側某国の情報部員はその情報を掴んでおり、レントゲン写真まで手に入れていた――というのである。

こうなると、池田と田村の関係も、「たまたま」などと例外扱いすることはできなくなる。スパイ天国日本の実情を露わにした一例に過ぎず、この種の話はあちらこちらに転がっているのだろう。いや、通信手段を無警戒に乱用する政界人の横行や、官邸の警備すら杜撰な有様を見るにつけ、現状はもっと悪化しているのかもしれぬ。何やら背筋が寒くなってきた——。

……暗い話はさておいて。

宏池会結成の翌年、池田を支える重要なグループがもう一つ発足した。

「木曜会」と称されたこの会は、下村治を中心とした政策ブレーンの集団である。

田村が連れてきた下村は、「所得倍増計画」の演出者としてあまりにも名高い。池田と同じ大蔵省出身の下村は、これも等しく病気療養生活を送った経験を持つ。赤い事務局長の引きではあったが左翼思想に毒されておらず、ケインズ理論に立脚した成長論を唱えていた。省内の主流ではなかったが、その知性を信奉する者も少なくなく、一部では〝教祖〟の如く崇拝されていた。

下村は民間設備投資が成長を促進すると考えた。設備投資が生産性の向上を決め、経済成長はそれに見合ったものとなるというものだ。昭和三十年代半ばの時点で、民間設備投資を成長論の中心に据えたのは、本人いわく、世界中で下村だけだったという。

そして、民間設備投資を旺盛にするには、イノベーションが不可欠だ。企業家の積極的な冒険心がイノベーションを招来し、イノベーションが設備投資を振興する。その結果、経済成長がなされていくと論じたのである。

この理論家は政府を脇役と見る。主役はあくまで国民であって、政府は国民の創造力を生かしうる政策を採るべきだ、と主張したのだ。

大蔵省で傍流だった下村は、世間からもまた異端視されていた。数々の論敵が現れた。〝教祖〟は正面から反論したが、広く評価を受けるには至っていなかった。

しかし池田は下村の理論に耳を傾けた。わけても「成長」の二文字に池田の勘が働いた。

その頃池田は「賃金二倍」という言葉に魅せられていた。昭和三十四年一月三日の読売新聞に出た、「賃金二倍を提唱」との前一橋大学長・中山伊知郎の論文に刺激を受けたのだ。池田はこの記事の存在を記者から教わった。早速読み、何より見出しに引き寄せられた。

〈賃金二倍……〉

これだ。これはイケる。

池田は「倍」という語に魅入られた。

〈倍、倍……〉

池田は「倍」を反芻するようになっていた。

記者との懇談中、生活の不満を言い出す者が出たときも、「倍」が口をついて出た。

「衣食住っていいますけどね、衣食は良くなったけど、住はまだまだですね。池田さん、政治家なんだから、何とかしてくださいよ」

池田は真剣な表情で答弁した。

「いや、簡単に『良くなった』っていうけど、その良くなり方は凄いものなんだよ。君らだっていい背広を着てるじゃないか。俺がアメリカへ行ったときに会った向こうの記者はもっとぼろいの着てたぞ」

「いや、そう言いますけどね、財布の中が淋しくて、ヒーヒー言ってますよ」

「我が国の暮らしはどんどん良くなっていくから心配するな。見てろ、君らの給料だって十年もしないで倍になるから」

「え？　倍？」

「そう、倍。倍、倍になるんだよ、十年もしないうちに。だから安心しろ。衣食はもっと良くなるし、住の方だって、まあ、広い国ではないから難しい面はあるけど、今よりはずっとマシになるから」

「まさか、そんな馬鹿なことあるわけないじゃないスか（笑）」

「いや、絶対なる、絶対倍になるんだ、倍に」

受け流さずムキになって反論するのは池田の魅力の一つだが、説得しきるには今一歩何かが足りなかった。

池田はめげずに演説でも「倍」を駆使した。

「日本人は勤勉で才能も優れています。だから日本の経済も力をつけてきました。これをさらに伸ばしていけば、皆さんの賃金を二倍、三倍にするのも夢ではないのです。必ずできます。必ず倍にできるのです」

この演説をやり始めたのはあたかも春闘の時期で、「春闘の最中にけしからん。政治的センスを疑う」と息巻く経営者もいた。ちなみにその経営者氏は、のちに鳴り物入りでバッジを付けたが、尻すぼみして最後は鳴かず飛ばずだった。政治的センスが無かったのかもしれない。

ともあれ、「賃金二倍」が頭にあった池田は、下村の成長論に注目した。「倍」になる論拠を下村の理論に求めた。そのあたりの池田の「ひらめき」を、秘書官の伊藤昌哉が単純明快に表現している。

「経済は成長して所得は増加する。そうだ、だから月給は二倍になるのだ」(『池田勇人』)

伊藤の感じるところでは、池田は下村理論を本当に理解していたとは思えないという。しかし、それでいいのだ。池田は政治家なのだから。

御当人も次のように語っていた。

「政治は結論だ。経過は役人だ」

方針を指し示し、調整し、決断するのが政治家の仕事だ。無論、完全に理解するに越したことはない。が、一つの理論に精通するより、各選択肢の核心を掴み、比較し、より良いものを選び取る、またはより良くまとめ上げていくことの方が大事だ。池田はそれができたのである。

才気を妬む政治家もいる。ちゃっかり知識は頂くが、彼我のオツムの差に耐えきれず、嫉妬に狂って「師」を追い出したり陰で貶めたりする恩知らずまでいる。ブレーンもブレーンで、意見より「政治的立場」を優先させる風見鶏が少なくない。

だが池田は才ある者を歓迎し、最大限に活用した。下村の方も妙な気を起さず理論家の道を全うした。「フジカケ」の件は別として、埋もれたかもしれぬ宝を発掘した田村の功績も大であろう。

下村は池田を「人の意見を聞くのが好きな人だった。こうした性格が周囲に数々のブレーンを集めて行った」と評したものだ。前尾や秘書官トリオなど、それまでも逸材を擁していた池田だが、今また飛び切りの「武器」を得て、政治家として着実に成長していくのである。

第五章　城取り

角栄が走る

昭和三十三年六月、第二次岸内閣が発足。

組閣において、池田と角栄はまた閣内・閣外を入れ替わった。

角栄が郵政相を退任し、池田が無任所の国務大臣となったのである。

大蔵大臣には岸の実弟・佐藤栄作が選ばれ注目を浴びた。「ブラザーズ・カンパニー」の出現である。

岸は「佐藤幹事長」も一考したとのことだから、どのような形であろうと弟を軸に政局運営をしていく腹積もりだったようだ。

ところでこのカンパニーには、毛色の変わった〝下請け会社〟が存在した。

その会社名は「田中角栄」という。

予算編成の場に、何と角栄がしゃしゃり出てきたのである。

当時の角栄は、今でいう「建設族」の若きボスだ。例の道路三法など議員立法を通じ、建設省に大きな影響力を持っていた。池田次官の頃から大蔵省にも出入りし、佐藤派の幹部でもある。だが大臣でも何でもない。政務次官でもない。

にもかかわらずこの〝下請け〟は、建設省の予算折衝《せっしょう》に現れて、佐藤の脇で臆面もなく仕切り出した。

当然、「なぜ?」という空気が流れたが、幸いにして皆「大人」だった。内心はともかく表向きは「まあ、角栄の得意な建設省だからしょうがないか」とやり過ごしてくれた。

ところがこの〝下請け〟は、「得意分野」が終わった後も、一向に帰ろうとしないのである。「まあ、しょうがないか」が大転換、「何でアイツが出てくるんだ」となった。政務次官の山中貞則などは青筋を立てていたという。

この逸話は相沢英之らが著書等で披露したものだ。相沢は大蔵省主計局の官僚としてその場に居合わせていたのである。

だが、このエピソードには一つ不思議な点がある。

蔵相たる佐藤栄作は何をしていたのか、横で角栄が好き勝手に振舞っていても何も言わないのか、ということだ。

そこで、相沢事務所へ伺い本人に尋ねてみた。

――角さんが隣で予算の差配をしているとき、佐藤大臣は何も言わないのですか?

「言わない」

――それは角さんに言わせている面があったのですか?

「まあねえ……佐藤さんという人は、〝黒砂糖〟とかいわれてた人で、確かに自分では決めない人なんですよ。査定案を持っていっても自分の意見を言わない。自分の意見に近い案が来ると『これにしとくか』って言う。自分で言わず他人にモノを言わせるところがあった人だ」

相沢の話だと、〝黒砂糖〟は往々にして「他人に言わせる」態度をとっていた模様である。「早耳の栄作」らしい、一つのやり方だとは思うが、佐藤が実力や実績の割に、国民的人気が低かったのも頷けてしまう陰険な手法だ。

こうした佐藤の性向を、角栄も知っていただろう。他の政治家の反発を受け、泥を被らされるであろうことも。

それでも〝越権行為〟に走ったのは、役人に己の存在感を見せつける誘惑と、予算編成という「権力行使の場」に立ち会う誘惑とに負けたのではないか。

だとしたら、政治家より官僚に重きを置く角栄の政治姿勢がよくわかる話だが、いささか拙《つたな》い。自己顕示も権力ゴッコも気持ちは理解できるけれど、同僚議員の心証を害し過ぎる。「角栄というのは予算編成に同席するほど力があるんだ」と一目置かれるプラスより、「あの野郎増長してやがる」というマイナスの方が大きいだろう。

〝下請け〟暴走の情報は、瞬く間に永田町を駆けめぐり、無用の「敵」をつくっていたに違いない。「敵をつくらなかった」とされる角栄が、実態はそうでもなかったことを示す逸聞である。

岸内閣といえば、「安保」で荒れた印象が強いが、その前にも「警職法改正法案」で波乱が起きている。

明敏な頭脳を持つ岸は、安保改定を敢行すれば、相当な反対も起きるであろうと予期していた。そこで昭和三十三年十月、警官の権限を拡大する警職法改正法案を提出し、秩序の維持を図ったのである。

だがこの法案には野党の抵抗が強かった。社会党議員らは委員会室に立てこもり、与野党入り乱れての騒擾となった。

揉み合いが続く中、どこからかダミ声の奇声が発せられた。

「イケーーッ！」

掛け声の主は、田中角栄である。

この元土建屋は、作業服を身にまとい、さながら鳶のように机と机を跳んでいった。これから出世の階段を跳躍していく角栄は、肉体的跳躍の方も優れていたのである。

が、切り込み隊長の奮闘空しく法案は審議未了となり、岸の強引な手口に党内の批判も沸騰した。岸は総裁選繰り上げによって反主流派を抑えようとしたが、そうした姿勢がまた事態を悪化させた。

反主流派の核にいたのは国務相の池田だった。池田らは岸に、党内人事の刷新と公選の前倒し反対を要求した。岸は人事の刷新は示唆したが、総裁選の方は頑として譲らなかった。

すると池田は十二月二十七日、経企庁長官の三木武夫、文相の灘尾弘吉《なだおひろきち》を連れ立って、大臣を辞職する挙に出た。いわゆる「三閣僚辞任」である。

焦った岸が反主流派と妥協する気配を見せると、今度は副総裁の大野伴睦、総務会長の河野一郎が反対。岸を見放す態度を示した。

岸内閣は岸、佐藤、大野、河野の主流四派が支えている。大野、河野の離反は政権の崩壊につながってしまう。そこで〝昭和の妖怪〟と呼ばれた岸信介は、奇計をめぐらせ二人をつなぎとめるのである。

翌昭和三十四年一月十六日、帝国ホテル光琳の間。

岸、佐藤、大野、河野による会談が開かれた。立会人として、黒幕・児玉誉士夫、大映社長の永田《ながた》雅一《まさいち》、北海道炭礦《たんこう》汽船の萩原《はぎわら》吉《きち》太郎《たろう》も同席した。

席上、念書が交わされた。

その中身は「申合せたる件については協力一致実現を期すこと　右誓約する」とあり、日付と共に岸信介、大野伴睦、河野一郎、佐藤栄作の順で連署されていた。

「申合せたる件」とは――。

岸の政権維持に協力すれば、大野を後釜に推す、というものであった。

この証文によって、岸は急場を凌《しの》いだ。その後の総裁選にて三百二十票を獲得し、松村謙三を破り再選。だが勝敗を度外視して出馬した松村も百六十六票をとり、池田ら反主流派も面目を保った。

〈一定の力を示すことはできた。これ以上押しても混乱するだけで得るものは無い。今やるべ

きことは俺の考えを広く世に問うことだ。急がば回れだ。遠回りに見えてそれが次への近道だ〉

池田は地元へ帰り、その後の参院選でも各地を遊説して回った。問うたのはもちろん「月給二倍論」であった。野に放たれた虎を警戒した岸は、池田の演説内容を逐一報告させていたという。

そして昭和三十四年六月、内閣改造が行われた。

いまが〝運命〟の分かれ道

人生には、「振り返って、あのときが運命の分かれ道だった――」という場面が幾度か訪れる。良い事でも悪い事でも、だ。しかし、分岐点だったとわかるのは後になってからのことで、そのときは何もわからないものだ。池田もそうだった――。

岸は組閣に際し実力者を求めた。すなわち池田と河野である。だが池田はつい半年前に辞任劇を演じたばかりだ。また入閣では筋が通らない。辞任劇の主役は「絶対に入らない」と公言した。河野も幹事長ポストを要求して組閣は暗礁に乗り上げた。

岸はまず河野を呼んで説得した。河野は頑なだった。岸は結局自分を頼らざるを得ない、と踏んであくまで幹事長に固執した。

池田も拒否の構えは変わらなかった。池田派の大勢も入閣に反対していた。

だが池田抜きに組閣はできない。岸は執拗に池田を口説いた。佐藤も池田の入閣にこだわった。佐藤には犬猿の仲の河野を外したいとする思惑もあった。

さらには角栄も動いた。この比類なき政治勘を持つ男は知っていた。今が〝運命の分かれ道〟であることを。ここで池田が入閣すれば次は「池田内閣」であるということも。池田内閣ができれば池田・佐藤の間に立つ自分も浮上できるということをも。

未来が映像の如く見えていた角栄は、機関銃のようにまくし立てた。

「池田さん、ここは入ってください！　政局の安定はあなたにかかってるんです。入らずに岸や佐藤を敵に回しちゃいけない」

「……」

「あなた以外の入閣ではダメなんだ、あんたじゃなきゃ。天下国家のために決断してくださ い」

「……」

「池田さん、ここで岸さんを助けておけば次の政権はあなたのものですぞ。岸さんだって考えを変えてきてる。大野、河野から、あなたを中心にやっていこうと変わってきてるんだ」

「……。岸は本当に俺の言うことを聞くかな……」

「ああ、ぴったり聞く、聞くよ。あんたが入りゃ、岸は内閣を投げ出さんでいいんだから」

「……」

「俺には見えるんだ、『池田政権』が。あなたが内閣の真ん中に立っている姿が。ここ、ここで大臣になれば次はあなたなんです！　あなたに天下が回ってくるんです！　池田さん！　躊躇なく御決心願います！」

「………」

池田は座ったまま黙っていた。石のようだった。

が、角栄には、池田がモーニングを着る姿が見えた。

〈入る……！〉

表情や雰囲気から感じたのではない。ただの「勘」だ。第六感と言い換えてもいい。しかしこの男の勘は時に映像のように具体化するのだ。政界広しといえど角栄だけに備わった能力であった。

〈見える、か……〉

角栄の談判を受けた池田はなお考えていた。入閣すれば禅譲その他「次」へ向けて有利な面もあるだろう。政策も実現できるし、それがまた「次期総理」としてのアピールになる。だが半年前に辞めたばかりだ。また戻れば非難の声を浴びるのではないか。そちらのマイナスも大きいのではないか。

〈差し引きはどうなるんだろう……〉

数字に強い池田は、政局が数値化できないことにもどかしさを感じた。

〈それにしても、あの男……〉

見える、と言っていた。「池田政権」が。

〈あの男の勘は無視できない。俺の先を走っているように感じるときさえある〉

運命の岐路に立っている男は、自分が内閣の真ん中に立っている姿を想像した。まだ、見える、ではなかった。あくまで想像であった。

認証式が刻一刻と迫っていた。満枝は入閣に反対だった。秘書がモーニングを取りに来ても出さなかった。

ギリギリの段階になって、同級生同士が官邸で話し合った。

「頼む。陛下がお待ちになってるし、頼むよ。君が入ってくれなきゃ組閣できないんだよ」

「……わかった」

かくして池田は、通産大臣として第二次岸改造内閣の一員となった。「一夜にして馬を乗りかえる」といわれたこの改造劇によって、従来の主流・反主流が逆転した。すなわち河野が反主流派となり、池田が主流派へ転じたのである。このことはのちに重要な意味を持つことになった。

組閣を終えた新通産相が帰宅すると、妻が言った。

「……お引受けになっていいんですか?」

「……」

夫はちょっと詰まったが、すぐに返した。

「佐藤に泣きつかれたんだよ」

依然、池田は見えていなかった。一年後、自分にやってくる運命が――。

一方角栄はニンマリしていた。

〈これで次は池田で決まりだ。その後どう佐藤に持っていくかだ。どうすれば俺が「佐藤後」に就けるか……〉

早くも「次の次」に向けて思案を練っていた。

七年ぶりに通産相となった池田は貿易の自由化を促進した。省内には反対の声も少なくなかったが、局長クラスと省議を重ね自由化品目をまとめていった。その間池田らしいエピソードも残っている。池田の選挙区・広島も産地であるレモンの話だ。

農林委員会にて、レモンの自由化に反対する野党議員が急所を突いてきた。いや、突いたつもりで質問した。

「大臣、レモンが自由化されれば、大臣の選挙区である広島のレモンは駄目になりますよ！」

されど答弁者はびくともしなかった。

「広島のレモンは、駄目でございます」

「……！」

日頃うるさい野党の先生も、これには二の句が継げなかったという。

さらには地元からレモン業者が乗り込んできて、

「自由化すれば選挙で落とすぞ……！」

と凄まれた際も、平然と追い返した。

「落とすなら落として見ろ。レモンぐらいで落ちる俺じゃない」

昭和三十九年、池田内閣の下で、レモンは自由化された。

——時は下って、平成二十四年。

関税を撤廃し、自由化を促進するＴＰＰに、「反対」を掲げて当選した政治家がたくさんいた。「断固反対」と刷られたポスターを貼った党も存在した。

ところが選挙が終わったら、「反対派」たちはオセロのように「賛成」へ転じ、担当大臣や担当役員として推進への旗振りをする者まで現れた。

主張の是非はここでは問わない。思い直したということもあろう。けれど、「反対」を公約して議席を得た以上、変節の理由を説明してもらいたいものだ。しかしながら、ウヤムヤになるのを狙ったり、「状況が変わった」などと開き直ったりする「選良」ばかりである。

こうしたコウモリたちと、支持者に脅されても信念を曲げず、ついには実現に漕ぎつけた池田との差はどうか。愚直な池田が政治家として宰相として成功し、世渡り上手のコウモリ連が何の実績も残していないのはなぜか。政治とは、煎じつめれば「人」である。「アベノミクス」が今一つ成功しきれていないのは、牽引役に池田のような硬骨漢が少ないせいかもしれない。

所得倍増政策

岸念願の安保改定は、昭和三十五年一月に新条約が締結され、二月に国会審議が始まった。議会でも野党が反対したが、院外での反対はもっと凄かった。議事堂をデモ隊が囲んでいた。五月に衆院で強行採決されると、反対運動はさらに過熱。アイゼンハワー米大統領の訪日は中止となり、死者まで出た。六月十九日午前零時、大混乱の中新安保は自然承認され、四日後、岸は退陣を表明した。

〈見えた……〉

岸退陣前、池田の眼に変化が起きた。今まで見えなかったものが見えたのだ。それは、内閣の真ん中に立つ己の勇姿であった。

〈ちょうど一年前、あの男が「見える」と言っていたが……〉

今、池田にも見えた。岸の凋落と反比例して、自分に人心が押し寄せてくるのを感じた。やがて鮮明な映像のように、首相となった自分の姿が見えたのだ。早速、秘書の伊藤昌哉に話した。

「今日、ある仙人が来てね。次は俺だって言うんだよ」

伊藤は知っていた。易者の言うことなど信じない池田が、自分の実感を占い師などの言葉に託して表現することを。池田は確信に満ちていた。

けれど、池田の幕僚たちの間には、慎重な意見もあった。次官や大臣になるとき反対した大平は、今回もまた言った。

「今回はやり過ごした方がいい。あなたは保守の本命だから、こんな時期に出て傷ついてはいけない。石井光次郎なり誰かにやってもらって、情勢が静まったら出たらどうですか」

池田は頷きながらも自信満々に応じた。

「君はそういうがな、俺の目には政権が見えるんだよ。俺の前には政権があるんだ」

大平が下がった後、伊藤は池田に尋ねた。

「総理になったら何をなさいますか？」

「経済政策しかないじゃないか。所得倍増でいくんだ」

当たり前のように答えた。そのために下村たちと勉強を重ねたのだ。この「保守の本命」は、単に「議員」という立場に居たいだけの「政治家」ではなかった。「やりたいこと」のある政治家だった。

次期総裁には池田のほか大野伴睦、石井光次郎が意欲を示した。だが話し合いは不調に終わり、公選が実施されることに決定。上記の三人に続き松村謙三、藤山愛一郎《ふじやまあいいちろう》も名乗りを上げた。五候補による乱戦である。

池田は七月五日に政策を発表し、かの有名な「寛容と忍耐」を冒頭に掲げた。「忍耐」ははじめ「辛抱」だったという話もある。もちろん「所得倍増」も織り込まれた。

池田選対の核は大平である。が、大平は、総裁選の裏方を務めたことなど無い。右も左もわからず途方に暮れていたところ、一人の男の名を思いついた。

――そうだ、角栄に。

角栄は前回の公選で、佐藤派幹部として岸陣営で動いている。それに何やら得体のしれない能力がある。彼に聞いてみよう。

大平は早速角栄に頼んだ。

「すまん、なにぶん初めてなもんで、どこから手をつければいいのかすらわからない。全くの手探りなんだ。手順というか動き方というか、ちょっと教えてよ」

「よっしゃ！　わかった！　二、三日、時間をくれ」

角栄は約束通り自作のアンチョコを持ってきた。大平は驚愕した。

具体的な運動のやり方から予算までわかりやすく書かれてあった。重要な箇所は赤インクでしたためるほど念が入っていた。

——ここまでとは……。

池田派の参謀は、感謝すると共に恐怖心を抱いた。ちょっぴり嫉妬心も感じた。肉眼では見えぬ実力の差がここに露わになったと思った。

しかも、これが全てでは無いだろう。書かない、書けないこともあるだろう、だとしたら、角栄の脳には、どれだけの知恵と情報が蓄積されているのか。

大平は忸怩たる思いも秘めながら、田中角栄著「総裁選の手引き」を手に池田を訪ねた。

「実は田中君からこんなメモをもらって……これに添ってやりたいと思うのですが」

大平は手引書を手に説明した。が、池田は不機嫌になった。

「ビタ一文、金を使うようなことは相ならん」

「……わかりました。どこまでご期待に添えるかわかりませんが、できるだけご意向を汲んでやってみます。ただこの選挙は、我々同志の責任でやらして頂きたいと思います。できましたらあなたは、一切介入されないようにして頂きたい」

「……」

政権が「見えて」いた池田は、つと、「現実」に戻されたような気がして嫌な気分になった。

〈あの男の、こういう面が……〉

綺麗事では済まされないのが選挙だ。角栄メモは確かに効果がありそうだ。ただ、こういうのは人知れず静かにやるものではないのか。金額付きの解説書までつくる必要があるのか。「現実」を直視し過ぎる角栄のやり方に、池田はやりきれぬものを感じた。

〈だが……〉

再び池田は考えた。他の陣営もやっている。俺の当選は揺るぎないだろうが、手を拱いていたら万が一ということもありうる。明瞭に映っていた政権の座が霞んで見えてきたような気がした。

〈勝たなければ、意味が無い〉

勝って総裁になってこそ、これまで温めてきた「所得倍増」を実現できる。あれをやれば国民は豊かになる。国が発展する。

〈国民の生活も国の繁栄も俺の手一つにかかっているのだ〉

自分が総理になることは、世の中のためにもなる。大成果のためには手段に多少の瑕疵《かし》があってもやむを得ないと思えてきた。大事の前の小事だ。

〈俺個人は、「理想」も残していたい。しかし、勝利を確実なものとするためには――〉

池田は大平、角栄の活動を黙認した。

吉田茂と岸信介

池田派の戦略は佐藤派と岸派の支持取り付けにかかっていた。「枢軸《すうじく》」といわれた大平と角栄は、実働部隊として暗躍した。

佐藤はおいそれと池田を推す気にならなかった。何しろ同級生だ。愛憎半ばしているのだ。政界に出たのは自分が先だ。「吉田学校」に入ったのも自分が先だ。いつの間にやら抜かれたが、元々は自分が先を走っていたのだ。今回だって自分が総理になって然るべきなのだ。頭では池田と思っても、心は種々の思いが錯綜していた。

佐藤派内も複雑であった。角栄は無論池田支持だが、保利茂らは反池田だった。保利は酩酊した池田に怒鳴られたことを根に持って、石井に近づいていた。

池田になると佐藤の目が遠のくのではないか、という声もあった。岸、池田と官僚政権が二代続けば「次は党人で」と振り子の原理が働きかねないからである。参議院議長の松野鶴平を担ぐ案まで検討された。

派内をまとめるために登場したのは吉田茂だった。あちこちで「池田」と触れ回っていた「校長」の意見を、佐藤はあらためて確認した。使者として派遣されたのは角栄である。

「……佐藤さんは、すんなり池田さんをやりにくいようです。胸中色々なものがあるようで……」

「二人の喧嘩にも困ったもんだ。で、どうなるかねえ」

御大はとぼけたが、本心が池田であることは周知だ。角栄はゴマすりと私見を交えて言った。

「それなら私が裁きましょう」

「どんな裁き方があるかね？」

「それは……『兄弟二代続くというのは穏当ではない』です」

「あ、それだ、それだ」

上機嫌の吉田は「池田君と佐藤君に」と、二種の書を使者に託した。「燕雀《えんじゃく》は知らず天地の高さ」「呑舟《どんしゅう》の魚は支流に遊ばず」とあった。池田は前者をとり、佐藤は後者をとった。角栄は吉田の意向を佐藤に伝える使者をも担った。

「……吉田さんはやはり池田さんです。佐藤さん、あなたは必ず総理総裁になれる。だけど弟が兄の後にすぐなるのはまずい。間に誰かいれないといけません」

「……」

「弟」は憮然としていたが、反論はしなかった。

ところが翌日、佐藤は「石井を担ぐのも手だ」と言い出した。「松野」も完全に消えていなかった。角栄は猛烈に説得した。

「石井もいいけど、石井は前に岸さんと戦争してるんだ。岸をやった中心人物のあなたが推すのはちょっと筋違いだ。池田さんをやっておけば、次は佐藤さん、あなたで間違いない。だから今回は池田で行くべきだ」

「……」

佐藤は迷い続けたが、最後は「池田でいこうじゃないか」と同級生支援を決断した。

佐藤派は総会を開き、池田支持を決定した。その流れで池田選対へ挨拶に赴いた。これも角栄の仕掛けであった。佐藤や保利は尻込みしたが、「応援するならとことんやらねば駄目だ。それが次につながるんだ」と説き伏せた。

「有難う、佐藤君、この次は君になってもらう」

池田は満面の笑みで応えた。……が、佐藤はなお納得がいかなかったらしく、その後見舞い先の病院の廊下で呟いたという。

「あの男でも総理になれるんだからなあ」

勝者の陰に「敗者」あり。佐藤の不満は爾後「高度成長」していくことになる。

他方角栄は、自身の行き方を案じながら、胸を撫で下ろしていた。

〈これで、池田から佐藤への流れは決まりだ。後は「その次」に向けてどう動くかだ〉

池田陣営も活発に動いた。殊に資金は潤沢だった。大蔵省のドンたる池田は財界主流の支援を受けていた。小林中、桜田《さくらだ》武《たけし》、水野《みずの》成夫《しげお》、永野《ながの》重雄《しげお》……のちに「財界四天王」と呼ばれる財界の大物たちは「池田政権」を待望していた。湧き水の如く溢れ出る「活動費」――工作資金――は億単位だといわれたものだ。顔をしかめる向きもいよう。が、その方々も、いざ自分が当事者となれば似たような真似をするだろう。いや、それどころか、〈これが政治だ……〉などと陶酔しながら〝運び屋〟を演じる御仁も少なくないはずだ。

実際、さしたる義理が無ければいい大人が対価も無しに動くはずがない。ポスト、将来性、「選挙の顔」としての価値……対価も様々あるけれど、中でも「実弾」は現に存在する確かなものだ。口約束や外れがちな予測と違って目に見える。かさばらないし煩瑣《はんさ》な手続きも必要無い。実に便利だ。もっとも、貰いっぱなしで何もしなかったり、恩を仇で返したりするケースも多々あるようだが……。

大野もまた豊富な活動資金を用意した。この院外団上がりの政治家は、岸の支持を期待していた。何しろ「印籠」を持っているのだ。例の政権譲渡の証文である。大野は岸に密約の履行を迫っていた。

だが岸には「約束」を守る気は毛頭無かった。誓約書は破約されたと見ていたのだ。事は一年前の内閣改造に遡る。

あのとき河野は幹事長ポストに執着し、岸の入閣要請を撥ねつけた。組閣後河野は倒閣の動きを見せ、よりによって、岸が政治生命を賭けた安保改定の採決を欠席した。おそらく元から実行する気のなかった密約は、「政権に協力する」との前提が崩れ、岸の中で完全に無効となったのである。

一方池田は入閣し、岸内閣に協力した。安保にも反対しなかった。これで岸は池田をやる理由づけができた。勝ち馬に乗る、等々他の理由も大きかろう。が、政治家には標榜しうる「大義名分」が必要だ。あの通産相就任が、岸が最終的に池田を推す遠因となったのである。

けれども、大野は岸派の支援を当てこんでいた。同派幹部の川島正次郎が「大野」で動いていたからだ。川島は「大野内閣」の人事にまで言及し、〝男・伴睦〟を期待させた。

大野派は石井派との二、三位連合を画策した。大野には河野派がついている。岸派の川島系、各派からの一本釣りもある。さらには石井派が加われば、池田を凌駕できると踏んだのだ。

総裁選直前の情勢は以下の通りと見られていた。選挙人は衆参国会議員と地方代議員で五百以上である。

池田勇人……池田派、佐藤派、岸派の相当部分で一位ないし二位。

大野伴睦……大野派、河野派、岸派の川島系で一位ないし二位。

石井光次郎……石井派を中心に三位。

藤山愛一郎……藤山派を中心に四位。

松村謙三……三木・松村派、石橋派を中心に五位。

池田本命、大野対抗で公選前日を迎えた。

ところがその晩、波乱が起きた。決戦投票になった場合、藤山派は池田に投票する、石井派の大部分も池田に切り崩されているとの情報が流れたのだ。二、三位連合が成り立たないと見た大野は立候補を断念し、松村も辞退。公選は一日先延ばしされた。

すると川島は池田に寝返り、岸も派の大部分を集め池田支持を鮮明にした。これで池田はますます優勢となったのである。

その夜、大平が池田邸に来た。参謀は言った。

「明日は低い姿勢でやってください」

「よし、わかった」

池田も大平も、いや、池田陣営の全ての者が、すでに勝った気になっていた。

昭和三十五年七月十四日に実施された総裁選の結果、池田は二百四十六票をとり一位となった。二位は石井で百九十六票、三位は藤山で四十九票であった。決選投票では池田が三百二票を獲得し、百九十四票だった石井を破り勝利を収めた。

覇者《はしゃ》は敗者と握手した。心の準備ができていたせいか、池田は案外落ち着いていた。

〈嬉しいが、国税課長になったときの方が嬉しい。あのときより嬉しくなれるかは今後の俺の腕次第だ〉

課長就任の方が嬉しかった原因は、一課長とは比較にならぬ責任の重さを感じたからであった。大げさにいえば、国家国民の命運が、自分の双肩にかかっているのだ。そう思うと、単純に喜んでばかりはいられなかった。

城取りへ、角栄の次なる戦略

投票が行われている間、扇子をパタパタさせていた角栄は、早くも次とその次へ向け戦略を練っていた。

〈さて、どうやって佐藤へ持っていくか、だ。池田佐藤の正面衝突は避けなければならん……〉

直後に行われたパーティーの席上、岸が刺された。背後関係は無いとされたが、犯人に招待券を渡したのはのちに代議士となる大野秘書・中川一郎だったという。

密約を反故にされた報復――なのだろうか。

大野本人は公選後、見かけは冷静な行動をとっている。新党を模索した河野を踏み止まらせてもいる。教唆はあったのか、無かったのか。あったとしたらそれは大野の仕業なのか否か。真相は闇に葬られたままである。

新総裁はまず夫人に報告したかった。選挙は妻に任せきりだった。来客の応対もそつなくこなしてくれていた。そもそも満枝がいなければ、難病から立ち直れたかどうかわからないのだ。

選対本部に戻った池田は、夫人と電話で話した。

「……長い間苦労かけたが、やっと、こういうことになった。これまでよくやってくれた」

「おめでとうございます。でも、辞めるときが大切です。花道を潔く去っていくようにしてください」

「うん、わかっている」

満枝は記者一人一人の名前を記憶し、酒を注いで回った唯一のファーストレディだそうだ。夫の代理として山谷ドヤ街の視察もしている。鳩山由紀夫令夫人は、官邸に韓国人タレントを呼びはしゃぎ回っていたけれど、業績と内助の功は比例するのかもしれない。

総理秘書官は「ブーチャン」こと伊藤昌哉だ。元西日本新聞記者で池田の許へ転がり込んだ男である。池田は組閣を前に伊藤に訊ねた。

「官房長官は誰を使う？　大平で務まるかな？」

「大平さんしかいないでしょう」

ブーチャンも異論は無かった。池田選対の要はそのまま内閣の要へ横滑りとなった。

池田は総理就任にあたって私生活にも言及した。周囲の忠告を受け「待合とゴルフには行かない」と「公約」したのだ。事実、それを守り通したのである。

指導者の仕事は正しく決断することで、気分転換も重要だとする論者もいる。ゴルフでリフレッシュできるなら、遠慮せずコースに出るべきだというのである。実際、前任者の岸は、気分転換に必要だとして待合もゴルフも楽しんでいた。

だが、「気分転換」と称してゴルフや美食に気を取られる「指導者」が多すぎはしないか。本当に「正しい決断」が下せたのだろうか。下せたならなぜ「失われた二十年」と叫ばれ、「三十年」に向かっていると危惧されるのか。

池田も岸も実績を残した総理だが、両者の対照的な私生活を見ると、「気分転換」しようがしまいがあまり関係無いと思える。無いとしたら税金が原資のお遊びは、控えた方がよろしいだろう。家族同伴で高級料理店をハシゴするなど論外である。

政治家のゴルフや会合は、談合や人脈づくりの手段であるケースも少なくない。それゆえ一概に「遊び」と見なすことはできないが、だったら「気分転換」などと言わなければいい。「気分転換重要論」が広まると、駄目総理やロクに出勤もしない首長に、言い訳の種を与える羽目になりかねないと思うのは杞憂だろうか。

さて、総裁選四日後の七月十八日、池田は国会で首班指名を受けた。末広がりの「八」がつく「十八日」に、池田はその後もこだわるようになる。

昭和三十五年七月十九日、第一次池田内閣発足。日本初の女性大臣である中山マサ厚相が誕生した。労相には桜田武の推薦によって労政通の石田博英が就任した。

桜田が石田を推した理由は、三井三池争議の解決が懸案となっていたためである。

昭和三十五年当時はエネルギー革命が進行している最中であった。すなわち「石炭から石油」である。石炭産業は衰退し、縮小、閉鎖、人員整理を余儀なくされていた。

九州にある三井三池炭鉱も経営危機で傾き、再建をめぐって労使の対立が発生。会社側はロックアウトを宣言したが、労組側も無期限ストで対抗した。経営側は財界に支えられ、組合の背後には総評と、社会党左派の理論的支柱・九大教授の向坂逸郎《さきさかいつろう》が陣取っていた。一企業の問題にとどまらず、総資本対総労働の様相を呈していたのである。

通産相時代よりこの行方に注目していた新宰相は、就任早々労相と共に事態の収拾へと乗り出した。池田は財界首脳と話し合い、石田は労組に政府勧告を提示、かつ職権斡旋を図った。

その結果、労使は最終合意に達し、労組は十一月にスト解除。争議は収束したのである。この過程で石田は「労使が互譲と寛容の精神に則り事態の収拾に当たることを切望する」との談話を発表している。「私はウソは申しません」と言う通り、「寛容と忍耐」のキャッチフレーズにもウソは無かったのである。

九月、新総理は新政策を発表した。目玉は「所得倍増計画」である。その中身は「十年以内に国民所得を二倍以上に引き上げるため、向こう三年間九％の経済成長率を持続させる」というものだ。

発表前、成長率につき意見が分かれていた。

経済企画庁は七・二%を提案。これは十年で所得を倍増するために逆算された数値で、実際には六・五%程度と予測していた。

対して下村治は一一%を主張した。過去十年の平均成長率が九%以上であることを踏まえ、一一%、あるいはそれ以上の成長が見込めると判断したのである。

池田は当然、「知恵袋」の方を信用した。下村理論を展開し、「七・二%どころじゃない。俺の考えが間違っていると役人が言うなら議論してもいい」と自信満々だった。経企庁側は池田の迫力に押され、結局九%で折り合いを付けた。

池田・下村と経企庁には根本的な認識の相違があった。経企庁は「十年で二倍」という前提に立っている。だが池田・下村は、「二倍以上にする環境をつくる」ことを意図していたのだ。

事実池田は国会において、「経済成長は国民の努力によって実現するもので、政府の任務は実現への努力を円滑に働かすことのできる環境と条件を整備することにある」と発言している。「二倍」にとらわれず、国民の努力によってどんどん成長できる政策を打とうとしていたのである。

「経済大国日本丸」を発進させる

当時日本は好況であった。昭和三十年前後の「神武景気」の後、「なべ底不況」が到来。しかしこれは短期に終わり、再び「岩戸景気」といわれる好景気を迎えていた。池田内閣はまさにその最中登場した。

「神武景気」がやがて「なべ底不況」へ落ち込んだように、「岩戸景気」も長くは続かず不況、低成長に戻るだろう、という見方が少なくなかった。「強引に九％とした」「高度成長より安定成長だ」と成長論を批判する声も多かった。

けれども池田は「所得倍増計画」の旗を振り、国をあげて経済成長へ邁進することを宣言した。経済学者の中村隆英はその意味合いを簡潔に述べている。「それまでは不況が来るたびに将来を悲観的にみる人が多かったし、政府も慎重だったのに対して、池田首相はこれまで通りの、あるいはこれまで以上の成長が、これからも可能だと宣言した。それが所得倍増の意味だったと思う」。そして「それは、すでに熱狂的になっていた経済界に油を注ぐかたちになった。さらに設備投資が活発化していった」と続けている。つまり池田は「これからも成長できる。いや、もっと成長できる」と国民の先頭に立って道筋を示したのだ。国民もまた己の足で成長への道をまっしぐらに進み、その結果、国民所得は十年を待たず七年で倍増し、十年後には三倍近くまで増大したのである。

現在、怪しげな「国の借金」説が蔓延し、不安にかられている国民も多い。「ついに一千兆円を超えた」「一人あたり八百万以上」――こう無闇に言われたら、いくら景気対策を打とうとも、効果が減るのはやむを得ない。「将来やってくる危機」に備えるのが先で、財布のヒモは緩まないだろう。

悲観論を退け国民に明るい未来を説いた池田なら――小出しにカンフル剤を注入するばかりでなく、将来の不安を取り除くことにも尽力するような気がする。

池田は記者の〝教育〟にも取り組んだ。自分の政策は記者を通じて国民に伝わる。きちんと理解させ、正確な記事を書かせねばならぬ。

「コラァ！　低能児どもッ！　派閥ばかり追ってたらますます馬鹿になるぞ。経済を勉強しろ」

池田は毎度、酒気を帯びて〝授業〟を始めた。だがその目と口調は真剣だった。

「今日本は戦争に負けてしょんぼりしてるけどな、元々日本人は優秀なんだ。何たって、これだけの勤勉さと高度な技術を持ってるんだから。江戸時代から日本の識字率はヨーロッパより断然上だったんだ。日本人は勤勉で器用だから明治維新で西洋の技術を自分のものにできたんだ」

「……」

「それにな、日本は海に囲まれてる。世界中どこからでも船で原材料を輸入できる。それだと鉄道より安いんだ。低コストで製品をつくって、それをまた船で輸出すれば、鉄道やトラックを使わざるを得ない国よりはるかに競争力があるんだ。車だって何だって、世界と競争できるんだ」

「……総……理、そうおっしゃいますけど、大リーグと草野球が試合するような話じゃないですかね？　車なんて、日本の自動車会社はアメリカの下請け工場になりゃしませんか？」

「違う。日本人は教育水準が高い。国民が一丸となって本気で頑張れば欧米先進国に負けるはずが無いんだ」

「……そうですかねえ」

「そうだ。私はウソは言わない。ところで、君は今いくつだ?」

「三十です」

「三十か。いいか、見てろ。君が定年になる頃には日本の自動車会社の一つや二つ、世界のトップクラスに入るようになる。そのために俺は高度成長政策をやってるんだ」

「世界のトップクラスに……?」

「そう、日本の自動車会社はその頃世界のトップを争うようになってる。私はウソは言わない」

「……」

「俺の言う通りやれば日本は重化学工業国になれる。欧米にできたことは日本にもできるんだ。で、そうなると、次はどうなると思う?」

「う~ん……どうなるんでしょう?」

「アジアだよ、アジア。日本にできたことを俺たちにできないはずがない、ってアジアの国々が発奮するはずだよ。まず台湾、次いで韓国、続いて中国、インドネシアかな。アジアが経済の中心になる時代が来る。そうなるかならないかは、日本の高度成長が成功するかどうかにかかってるんだよ。だから絶対に失敗できないんだ」

池田内閣の頃は五十五歳定年だった。三十歳の記者が定年を迎える昭和六十年にタイムスリップすると——。

すでに昭和五十五年、日本の自動車生産台数は世界一となっていた。そして、当の昭和六十年——下請けどころか日米貿易摩擦を起こすほど、日本車は世界を席巻していたのである。

アジアの経済に関しても、ほぼ池田の予測通りに推移している。

池田はウソは言わなかった。昭和三十年代半ばの時点で、経済大国日本の姿を予見していたのである。

「所得倍増計画」を旗印にした新内閣は、安保の逆風を順風に変え、内閣支持率は五〇％を超えた。解散風が吹き始め、野党社会党、民社党も経済政策を発表。だがその中身は池田亜流の「成長計画」であった。秘書官の伊藤は野党が似通った政策を打ち出すのを見て「勝ったと思った」という。

その通り、野党は池田と同じ土俵に自ら乗ってしまったのである。特に社会党は、つい三カ月前まで安保反対の陣頭に立っていた。にもかかわらず、池田もどきの「政策」を出し、おかげで選挙の争点は「経済」となり「安保」は消えた。その時点で自民党の勝利が決まったことは伊藤でなくても誰でもわかるだろう。

十月解散が常識となり、各党共に全国遊説を開始。十月十二日には日比谷公会堂で三党首演説会が開かれた。ここで惨事が勃発した。

出席者は池田、社会党委員長の浅沼稲次郎《あさぬまいねじろう》、民社党委員長の西尾末広《にしおすえひろ》である。

まず西尾が演説し、次いで浅沼が話し始めた。池田は官邸から会場へ向かっていた。池田は到着し、壇上に並んだ。浅沼のダミ声が鳴り響いていた。野次も凄かった。「中ソの手先！」などと聞こえた。

すると突如、壇上に暴漢が現れた。若い男だ。まだ少年のようだった。巻紙らしき物を手にしていた。

――グサッ！

ダミ声が消えた。巻紙の正体は刃物だった。社会党委員長が刺されたのだ。

壇上に人波が押し寄せ暴漢を取り押さえた。浅沼は病院に運ばれた。が、運搬中にこと切れた。浅沼は前年北京に赴き、「アメリカ帝国主義は日中共同の敵である」と挨拶して右翼の反発を買っていたのである。

池田勇人、一世一代の名演説

テレビ中継されていたこの事件は全国に衝撃を与えた。直後の国会で、池田が追悼演説を行うことになった。この演説が、後世に語り継がれる一世一代の名演説となったのである。

池田は演壇に立ち、粛々と口を開いた。

「日本社会党中央執行委員長、議員浅沼稲次郎君は、去る十二日、日比谷公会堂での演説のさなか、暴漢の凶刃《きょうじん》に倒れられました。（中略）ただいまこの壇上に立ちまして、皆様と相対するとき、私はこの議場のひとつの空席を、はっきりと認めるのであります。私が心ひそかに本会議のこの壇上で、その人を相手に政策の論争をおこない、またきたるべき総選挙では、全国各地の街頭で、その人を相手に政策の論議をおこなおうと誓った好敵手の席であります。

かつて、ここから発せられるひとつの声を、私は、社会党の大会に、またあるときは大衆の先頭に聞いたのであります。いまその人は亡く、その声もやみました。私は誰にむかって論争を挑めばよいのでありましょうか。しかし心を澄まして、耳をかたむければ、私にはそこから、ひとつの叫び声があがるように思われてなりません。『わが身におこったことを、他の人におこさせてはならない』『暴力は民主政治家にとって共通な敵である』と、この声は叫んでいるのであります（後略）」（『池田勇人とその時代』）

池田が演説を終えたとき、院内は静まり返っていた。そっと涙を拭く議員も居た。追悼文を書いたのは秘書官の伊藤昌哉である。総理は秘書官に「俺が読んだら議場がシーンとしてしまうような追悼文を書いてくれ」と命じていた。結果は期待以上の出来栄えだった。「シーン」どころか目頭を熱くさせる者まで現れたのである。

一般に、政治における秘書の役割というのは非常に小さい。政治現象を決める要素が百あるとして、おそらく一か二しかない。

そのことは「大物秘書」を例に挙げるとわかるだろう。大政党には自称軍師、自称参謀がひしめいている。フラフラと事務所を渡り歩く、落選もとい当選請負人もいる。では、これら「有能」な方々は、泡沫《ほうまつ》政党で秘書をやっても同様に陳情がこなせるのだろうか。泡沫候補を当選させられるのだろうか。できないに決まっている。重要なのはあくまで政党名、議員のタマ、社会状況＝風であり、「大物秘書」の腕などオマケ程度のものだ。「選挙のプロ」が元から有力な候補しか勝たせられないのと同じで、秘書が形勢を変えることなどまず無い。

そもそも初歩的な知識にすら欠け、職場の雰囲気に馴れただけで空威張りしている秘書も少なくない。「政界三十年」の秘書が小学生並みの会計ミスを犯して事件になったが、あれは例外でも何でもない。試しにどこかの議員事務所へ電話して、地元選挙区の自治体の予算がいくらか聞いてみると面白い。即答できる秘書はごく一部で、大方「少々お待ち下さい」などと言ってネットで調べるはずである。周辺の噂話にしか関心の無い、夜郎自大《やろうじだい》で視野の狭い者が多いのだ。

SPの男性に下心丸出しの長電話をかけ、誘いを無視されると腹いせで後輩に清算金を投げつける大物都知事女性秘書、代表選の最中にパチンコ屋へ入り浸る「剛腕」秘書……田中角栄は「ぺーぺーの秘書をやってもつまらんことを覚えるだけだ」と喝破《かっぱ》したが、大物の秘書にしてからがこれである。

とはいうものの、腕利きの秘書も中には居る。議員より人望のある傑物や、ジャンヌ・ダルクの如き女傑も居る。伊藤もそうした異能秘書であることが、名追悼文によって証されたといってよいだろう。この件に関しては、百のうち五十の役割は果たしたのではないだろうか。

「寛容と忍耐」を具現したような名演説は大きな反響を呼び、テロへの怒りが政府へ向かうことを防いだ。池田自身、「あの演説は五億円か十億円の価値があった」と振り返ったという。

追悼演説の直後、池田は衆議院を解散した。投票日は十一月二十日である。新総裁は「議会は寛容と忍耐だが、選挙は戦いだ」と勇んで全国遊説へ出発した。

当時、主要政党は自民、社会、民社の三政党である。委員長が空席となった社会党は、江田三郎が委員長を代行した。その江田が、三党テレビ討論を提案した。

池田はこれを受けて立ち、民社党委員長の西尾も交え三党首による日本初のテレビ討論会が実施された。視聴率は四八％に迫り、政治番組としては異例の高さに及んだ。さらに新総裁はテレビＣＭにて「私はウソは申しません」「経済のことは池田にお任せ下さい」と売り込んだ。

時あたかも、角栄がテープカット役を担ったテレビ時代の黎明期である。太平洋の向こう側でも、ケネディがテレビの力で大統領に当選していた。池田の熱意もブラウン管を通じて全国津々浦々へ浸透していったのである。

選挙の結果、自民党は二百九十六名当選で、無所属の入党者を加え三百議席を獲得した。相対得票率は戦後最高の五八％である。池田、そして「所得倍増計画」は、国民の信を受けたのだ。

〈池田さん、何か、自分も高度成長していってる感じだな……〉

大勝にご満悦の総裁を見ながら角栄は思った。自身も七回目の当選を遂げていた。もちろんトップ当選だ。

つい一月前、選挙とも関係する〝大変革〟が地元で起きていた。

長岡鉄道、栃尾鉄道、中越自動車が合併し、「越後交通」が誕生したのである。角栄は会長に就任し、東急の田中勇が社長となった。

合併はやや強引に行われた。株の買い占め合戦が展開された。小佐野賢治の加勢もあった。顰蹙も買った。けれど、それを補ってあまりある利益を得た。何しろ選挙区の交通網を手中にしたのである。

そればかりか、この合併は越山会に〝経営〟をもたらした。

社長となった田中勇が地域ごとに得票率を競わせる仕組みを導入したのである。

資本を投下したら、利益が上がったか確かめねばならぬ。各支部がより多くの「利益」を上げるため、越山会内部で〝選挙戦〟を展開した。その成果は当然ながら角栄の選挙に直結したのである。

〈これで〝城〟は完成した。後は、ポストだ。池田が総理のうちに何としても重要ポストをもぎ取らねば……〉

「次の次」を狙うためには、陽のあたる役職に就かなければならない。それも一回きりでなく、何回も。「国対委員長はどうか」との話も来たが、蹴っていた。裏方では駄目なのだ。党三役、あるいは主要閣僚を歴任する必要があるのだ。天下取りのためには。

〈今度の改造か、それとも次か……どっちにしろ、池田には長く続けてもらわねばならん。その間に俺も高度成長しなければ……〉

「次の次」は無い。角栄の頭は目まぐるしく回転した。一分間に二百回動かすといわれた扇子も、負けじとせわしなく上下動していた。十一月に扇子とは奇異に見えたが、とりつかれたように一点を見つめ風を求めた。

視界にもはや池田は映っていなかった。代わりに佐藤が映っては消えた。もう一人、おぼろげな人影が映った。それはまだ角栄自身の姿とはならなかった。

「角栄」というカード

選挙後数日経って、池田は大磯の吉田を訪れた。佐藤栄作と益谷秀次も同席した。「校長」の前で同級生同士の会話がなされた。だがそれはなごやかなものではなかった。

佐藤は腹の中の思いをさらけ出すように言った。

「次の政権は俺に譲ってくれ」

「……うん、やるよ」

池田は返した。どうせいつ辞めるとは言っていない。証文も書いていない。二人の「証人」がいるだけだ。

〈吉田さんが証人ってわけか。奴の気持ちもわからんでもないが、しかし……〉

なぜ、今なのだ。総理になってまだ四カ月、しかも選挙に勝ったばかりだ。これから俺の政治が始まるのだ。そんな時期に言うことだろうか。

〈佐藤には気をつけなければいかんな〉

敵は外ではなく内にある。それもかなり近い内にある。「ワンマン」も内閣の〝低姿勢〟ぶりに不満げな感じだった。

〈……吉田さんは大丈夫かな〉

大磯の帰り道、政権の持ち主はちょっぴり不安になった。

昭和三十五年十二月、池田は第二次内閣を発足させた。年の瀬には「所得倍増計画」が閣議決定された。その日株価は高値を記録し、玄人筋も池田内閣に期待していることを窺わせた。

翌三十六年六月、池田はアメリカへ発った。首相になってから初の訪米である。行き先では新大統領のケネディが待っていた。そして、もう二人――。

訪米には夫人も同伴した。満枝にとって初めての外国であった。外相の小坂善太郎、参院議員の宮沢喜一らも同行した。

池田を乗せた日航特別機は羽田からワシントンへ向かった。ワシントン空港には二人の女性が待っていた。

留学中の次女紀子と三女祥子である。一年ぶりの親子の再会であった。

飛行機が到着した。ドアが開き、池田の姿が見えた。

日本の総理はどっしりとタラップを降りてきた。堂々としていた。まさに、「日本国をしょって立つ」政治家そのものだった。

――うわぁ、何か、大きく見える……。

次女紀子は、このときの父が「大きく見えた」と語った。

「人が大きく見える」――勢いのある人間に、時たま見られる現象が、池田にも現れたのである。

池田は側近たちから「出世魚」なるあだ名を頂戴していた。「赤切符」が課長、局長、次官、大臣、首相と累進し、そのたびに中身も変貌していく。ポストと共に器も〝高度成長〟していったのだ。

タラップの池田はもはや単なる議員ではなかった。無論「ぼんさん」でも「赤切符」でもなかった。「宰相」という器に相応しい男に変身していたのである。

次女は滞米中の父が「以前より『国のため』との言葉や意識が目立っていた」とも話している。「出世魚」が大きく見えた原因は、国を背負った自信と自負と責任感にあったようだ。

ときに池田と対照的な人物に、同行者の宮沢喜一がいる。秘書官としては群を抜いたが、池田の没後は活躍できず、首相としても不首尾に終わった。無類の知性は多くの人から期待されていたけれど、政治家としてはそれを生かせず終わったのである。

だが宮沢はブレーンとしてはやはり一流で、この訪米でも切れ味を見せている。

池田ケネディ会談終了後、ラスク国務長官が大統領に「小坂外相との間で正月に限り沖縄の公共建築物に日の丸を掲げてよいことに合意した」と報告した。当時、沖縄は返還前だ。

横に居た宮沢は通訳をしながら
「そんな馬鹿な話はありませんよ」

と付け加えた。

池田はこれを受け、

「ご厚意はわかりますが、そういうことをしているから沖縄の民心が掴めないんです。元旦に掲げてよいものが、他の日に掲げて悪いという理屈がどこにありますか」

と反論した。

するとケネディはラスクに尋ねた

「沖縄に祝日は何日あるのか」

ラスクが「十何日」と答えると、ケネディはしばし考えた後、決断した。

「よし、それでは祝日は全部、国旗を掲げて結構です」

機転を利かせた宮沢と、それに素早く応えた池田。連携プレーの「勝利」であった。

会談後に出された共同声明において、この日の丸の件と、日本が沖縄に潜在主権を有することが確認された。沖縄返還協定は十年後、佐藤政権下で調印されるが、池田もこうして外堀を埋めていたのである。

なお、余談ではあるが、池田の外交ブレーンに天川勇《あまかわいさむ》なる感興をそそる人物がいる。その履歴は謎が多いが、海軍の嘱託を経て小松製作所に迎えられ、数年で退社後研究生活に入ったとされる。海外の資料を取り寄せ毎日十時間勉強し、国際政治から交通事情にまで精通。予測を次々と的中させ、電気洗濯機の設計をもこなしたと伝わる。特異な情報量はお偉方に重宝され、殊に防衛庁には児玉誉士夫をして「四畳半の大蛇《おろち》」——避けて通れないくらい影響力があるという意――と言わしめたほど食い込んでいた。ただ、「これはここだけの話だが……」といった調子で話すため、「電子頭脳」と敬される一方、胡散臭くも見られた。毀誉褒貶《きよほうへん》相半ばする天川の意見を、池田はよく聞いていたという。

閑話休題。帰国後昭和三十六年七月、池田は内閣を改造した。

新内閣は「実力者内閣」といわれた。佐藤栄作、河野一郎、三木武夫、藤山愛一郎、川島正次郎の五人が揃って入閣したからだ。

組閣の勘所は通産相の佐藤と農相の河野である。「ポスト池田」の有力候補同士を対峙させ、総理はその上に乗るという方法だ。露骨にいえば河野を佐藤にぶつけたのである。残りの三名の実力者たちは添え物に過ぎないとすらいえる。

事実、河野は辣腕を発揮し、閣内ナンバーツーの如き存在となってゆく。池田も河野を信頼し始め、佐藤は同級生への疑心暗鬼をますます募らせる。その気配を周囲も勘づき、それまでも何かと囁かれた「佐藤派の陰謀」との声が政局のたびに叫ばれるようになった。ちなみにこの「佐藤派の陰謀」は、のちに「佐藤派」が「角栄」となり、その後は「小沢一郎」となっている。派閥の系譜と重なるところが面白い。

党役員はというと、池田は副総裁に大野伴睦を据え、幹事長に気心の知れた前尾繁三郎を任命した。総務会長は赤城宗徳《あかぎむねのり》である。

そして、政調会長に、田中角栄を持ってきた。

佐藤派ははじめ角栄を総務会長に推したとされる。が、池田は一旦断り、結局政調会長にした。角栄は池田に直談判したのか、佐藤は昼のニュースで「田中政調会長」を知ったという。角栄の三役を派として主張してはいたものの、ポストも経過も把握していなかったとは――角栄と佐藤の微妙な関係が窺える話だ。

〈総務会長の保利茂の代りに佐藤派から三役となると、あの男しかいないが……〉

池田にも不安があった。角栄の馬力は買えるが、政策の調整ができるだろうか。年齢もまだ四十と少しだ。幹部にしては「重み」が足りない。

〈だが、テレビの件といい、仕事は早い。どのポストでもこなしてしまうところがある。それに、あの男が育てば……〉

佐藤への牽制にもなる。上に立つ者にとって本当に怖いのは、そのまた上や横ではない。下なのだ。次世代の突き上げが最も恐ろしいのだ。現に池田自身が次期総裁最有力候補の佐藤を最も警戒している。角栄が派内で台頭すれば、佐藤も前ばかりを見ていられなくなる。

〈パイプ役だけでなく、対佐藤のカードとしても使えるかもしれぬ〉

総理となって一年。権力の使い方を身につけてきた池田は、冷静に党内を見渡していた。

第六章　角栄の「権謀術数《けんぼうじゅっすう》」

人生は五十歳までに勝負が決まる

角栄にとっては初の党三役である。越山会系の町村長たちが田中邸のある目白に押し寄せ、盟主を祝った。

が、畏怖された内閣と違って、こちらは「軽量三役」と揶揄された。殊に政調会長への風当たりは強かった。「ハッタリ屋」「アクの強い小型河野」「若すぎる」「政調会長の器ではない」等々……。「通説」とは異なり角栄に敵が多かったことがわかるだろう。

一方で、「佐藤派の跡目は角栄ではないか」との予測も出始めている。他の「相続候補」といえば保利茂、ぐんと落ちて松野頼三《まつのらいぞう》というのが当時の政界スズメの評だが、三役就任で角栄も「将来」を噂されるようになったのだ。しかも、「前尾幹事長」でわかる通り、人材豊富な池田派に入っていたら三役入りは難しかったはずである。佐藤派を選んだ角栄の狙いは的中したのだ。

角栄は就任挨拶において述べた。

「はからずも私は政務調査会長の重責を汚すこととなりました……」

はからずも、と言った。「総務会長」との話もあったから、「はからずも」でも間違いではない。だが三役ポストはもとより狙い続けていた。「党七役」の国対委員長を蹴ってまで、「表舞台」にこだわっていたのである。

〈人生は五十歳までに勝負が決まる。今回の三役をきっかけに、あと七年でどれだけ要職に就けるか……〉

「人生は五十歳までに勝負が決まる」——この当時角栄はよくこう口にした。角栄は信長好きだから、かの「人間五十年……」の句を意識したのだろうか。四十三歳で若輩とも見られたが、背中にトクホンを貼り出した今日この頃だ。「若い」などとは思っていなかった。残り七年、七年のうちに重要ポストを歴任しなければ、「池田・佐藤の次」は無いのだ。

〈されど、まだ七年ある。池田に長くやってもらって、佐藤へつなぐ。その間に俺も……〉

と、そのとき。

——軽量。

不意に頭に浮かんできた。茶化すような二文字が。

〈ケ・イ・リ・ョ・ウ……〉

「軽量三役」というけれど、特に政調会長を指して言っているのではないか。前尾も赤城も重みはないが、とりわけ田中角栄は役不足だということではないか。

〈何が、「軽量」だ！　立法もできない連中が何を言うか！〉

角栄は暑さと怒りでしたたり落ちる汗を拭きつつ、扇子を動かした。

新政調会長の前に現れた最初の関門は、医療費問題であった。「ケンカ太郎」こと日本医師会会長の武見太郎《たけみたろう》は、診療報酬三割引き上げを要求し、これが実現できないと見るや「保険医総辞退」で対抗。さらには全国一斉休診を宣言し、実際に「スト」を強行した。

角栄と武見は戦前からの因縁があった。というのも、武見はかつて理研に在籍していたのだ。理研の下請けをしていた角栄をその頃から知っており、初出馬の際には資金カンパをしたこともある。もっともそのとき落選した角栄は、「みんなの金の出しようが足りなかった。もっと金を出してくれれば通る」と放言したそうだ。

交渉は難航したが、総辞退突入の前日になって解決した。決め手は一枚の手紙だった。角栄は武見にほぼ白紙の紙を渡し、最後に「右により総辞退は行わない」と記した。以心伝心、「ケンカ太郎」は政調会長の意を察し、抽象的に四項目の条件をしたためた。敢えて具体的に書かなかった理由を武見は振り返っている。「田中さんを信頼できると思ったから」。いがみ合っていた自民党と医師会の間に絆が結ばれたのである。

角栄はこの四項目を呑み、渋る厚生省を説得して問題は決着した。新三役がスタートしてわずか二週間足らずの出来事であった。

妥結後角栄は、「雨降って地固まるさ」と胸を張った。「軽量」政調会長は、金でも舌先三寸でもなく、信頼関係によって懸案を解決したのである。

〈たったの二週間だぞ！　二週間！　これでも「軽量」か？　ああん？〉

角栄は勝ち誇っていたが、池田は舌を巻いていた。

〈あの男、やるな……〉

できる男だとは思っていたが、「ケンカ太郎」と信頼関係まで築き上げ、これほど早く処理するとは。

〈あの男、単に政治勘が凄いだけではない。判断力、行動力、説得力、どれをとっても一流だ。しかも相手の懐に飛び込める。俺に対してもそうだった。どこに置いても光る石だ。しかし……〉

佐藤は複雑だろう。角栄を評価しつつ、用心するはずだ。すぐに地位が脅かされるわけではない。むしろ角栄は、「佐藤首相」に向け飛車角の役目を担うであろう。が、池田政権が長引き、次に河野内閣でも出来て佐藤がぐずつけば――。

「田中が変な気を起こすのではないか」。

と、佐藤がそこまで考えてもおかしくない。いや、佐藤ほどの男がそこまで考えないはずがない。あらゆる可能性を考慮してこその実力者だ。

〈佐藤はあの男を警戒する一方、頼らざるを得ないだろう〉

佐藤と角栄を順に思い浮かべる池田であった。そのうち、ふと、思い当った。

〈佐藤は同級生、あの男も縁戚……〉

親友ではなかった。血縁でもない。だが高校受験の前から知った仲だ。身近な親類だ。その二人を冷徹に見ていることに気づいて、心が重くなるような気がした。政治家としてどれだけ大きくなろうとも、素は昔の池田のままだった。

〈俺が政権を担うことが国のためになるんだ。やむを得ない〉

心の黒雲を振り払おうとしたが、なかなか散らなかった。胸に重石を載せられたような感覚が残った。

〈……嫌な世界だ〉

冷徹になりきれないところも、やはり、昔の池田のままだった。

就任から半年が過ぎた昭和三十七年二月、政調会長はつまずいた。

来日中の米司法長官ロバート・ケネディと会談した際、「沖縄返還の前提として、アメリカが日本に憲法改正と再軍備を提起したらどうか」と発言し、国会で問題にされたのである。「田中発言」はオフレコであったが、社会党が騒ぎ出し、角栄は自慢の髭を剃って落とし前をつけようとも考えた。が、これは留学中の娘・真紀子から「ヤジヒゲソルナ」——オヤジ、髭剃るな——との電報が届いて翻意した。

結局、角栄が「遺憾でありました」と述べることで落着した。角栄は池田邸へも飛んだ。

「このたびは、私の発言でお騒がせしまして……」

「お前も俺並みになったな（笑）……まあいい。気持ちを切り替えてしっかりやってくれ。頼むぞ」

「ハハー、わかりました！」

騒動の主はたった二分で辞去したが、汗だくになっていた。

〈とりあえず、首がつながってよかった……〉

この程度のことで、せっかくの三役ポストを棒に振っては堪らない。「五十歳までが勝負」という人生計画を狂わされるなんて冗談ではない。

〈入閣できるか、留任できるか……次の改造までにほとぼりが冷めていればよいが……〉

角栄は気が気で無かったが、一方で党内外を静かに見ていた。

〈こういうときに、どういう態度を見せるかだ〉

「失言」を蒸し返す者、微妙に着色して印象悪化を狙う者、話題にもしない者、さりげなく話題にする者、本当に心配してくれる者、「貸し」をつくろうとしてくる者……同じ人間でも場所や相手、気分次第で言うことが変わる。注意深く観察し、そして気づいた。

〈グレーゾーン……〉

自分は味方が多い方だ。だが同じくらい敵もいた。残りはどちらとも思えなかった。それが一番多かった。敵でも味方でもない、中間地帯。「グレーゾーン」が真の「最大派閥」なのだ。

〈あいつらがどちらにつくかで大勢が決まる……〉

これまで多くの政治家の面倒を見てきた。金も配ったし便宜も図った。それでも本当の味方など一部だ。本当の敵もまた一部だ。大部分は日和見《ひよりみ》なのだ。敵にも味方にもなるのだ。であるなら、そいつらを敵に回さないことだ。敵陣に追いやらなければ戦況次第でこちらになびかせられるではないか。

〈俺の敵には回らない、広大なグレーゾーンをつくることだ〉

自軍を増やすのは難しい。しかし中立を中立のままにしておくのはそうでもない。そいつらを「好意的中立」にすることだ。薄い好意でよいのだ。どうせ政治家同士の「友情」なんて表面上の話だ。敵にさえしなければいいのだ。いざというとき「味方」になればそれでいいのだ。

〈……天下取りの奥義を掴んだ〉

角栄の眼が鋭く光った。普通の光り方ではなかった。まるで獲物を追う狼のようだった。

池田の近親憎悪

昭和三十七年七月十四日、池田は総裁に再選された。

総裁選は無競争だった。信任投票の如き公選で、池田は三百九十一票を獲得。だが七十五票の批判票が出た。これは予想以上の数字だった。

はじめ佐藤栄作と藤山愛一郎も立候補の動きを見せた。特に佐藤派は河野を重用する池田に批判が強まり、主戦論が広がっていた。

一方佐藤派には慎重論もあった。その中心は角栄である。

「池田と佐藤は車の両輪だ。両輪が争ってはならない」

「池田はもう一期やらないと納得しない。佐藤のためにもならない」

「西郷隆盛の心境だけでは駄目だ」

角栄は主戦論の保利茂とやり合った。激論は何時間も続いた。「角栄が佐藤の胸倉をつかんで説得した」との話まで伝えられた。

〈佐藤は出ても勝てない。出て負けたらその後の改造で佐藤派はホサれる。俺の入閣も留任もパーになりかねない。佐藤を止めたら俺は論功で重要ポストに就ける〉

池田の再選に角栄の命運もかかっていた。池田長期政権の後に佐藤、という路線は譲れない。保利も角栄の肚《はら》を読んでいただろう。池田派に片足を置く角栄の立ち位置を炙り出す意図もあったであろう。角栄があまり慎重論を唱えると、「なぜ、そこまで」と真意をいぶかる声も出る。そうなればしめたものだ。角栄不信が出れば出るほど派内で保利のウエイトが増す。佐藤も佐藤で両者の本心を見抜いていただろう。と同時に、角栄と保利の対立を好ましく思っていたであろう。「分割統治」は支配の基本だ。現に佐藤自身、河野と角を突き合わせ、その上に池田が乗っかっているのである。

佐藤は池田とも会談を重ねたが、結局のところ立たなかった。藤山も出馬を断念し、対抗馬無しの総裁選となったのである。

佐藤不出馬・池田再選を受けた角栄は、ほっと一安心した。が、次は自分の身の振り方だ。まだ油断してはならない。

〈入閣か、留任か、それとも……〉

無役か。「沖縄発言」の件があるゆえその可能性も捨てきれない。あの発言が古傷になるか否かも次の人事にかかっていた。入閣あるいは留任なら、お咎め無しとの意味となり、今後に引きずらないで済む。

〈その意味でも、今度の改造は政治家としての分岐点かもしれん〉

池田にとって、辞任後半年で入閣したことが総理への道を開いたように。ただ、あのときの池田と違って、角栄は主導権を握っていなかった。

〈こうやって池田の再選に力を貸したのだ。池田は大丈夫なはずだ。佐藤も俺をパイプとして使わざるを得ないだろう。だが、自分から動いたほうが得策なのか……〉

佐藤自身は入閣せず、角栄を代わりに推していた。「田中通産相」説が出ていたが、まだ未確定だった。

〈できれば今度は主要閣僚がいいが……〉

角栄は期待と不安を胸に、扇子をバタバタさせた。

——そして、運命の日を迎えた。

昭和三十七年七月十八日、第二次池田再改造内閣発足。

党三役は前尾、赤城が留任となった。

政調会長は交代した。角栄は留任しなかったのだ。

代わりにやってきたのは池田の大蔵省の大先輩、元蔵相の賀屋興宣である。前任者と打って変わって最も重量感のある政治家だ。

内閣の方は、官房長官が大平正芳から黒金泰美に交代した。経済企画庁長官には宮沢喜一が就任し、河野一郎は農相から建設相へ横滑りとなった。

外務大臣は大平だった。黒金、宮沢と「秘書官トリオ」が揃って内閣に入り、「秘書官内閣」との別名を授かった。

外相とくれば、次は蔵相である。池田内閣の最重要課題である経済を担当する大蔵大臣には一体誰が――。

何と、田中角栄が抜擢されたのである。

大学を出ていない四十四歳。戦後最年少の大蔵大臣である。

――なお、角栄は「史上最年少の蔵相」といわれるが、事実は異なる。明治三十九年、第一次西園寺公望内閣において、阪谷芳郎《さかたによしろう》が四十二歳で蔵相となっている。角栄自身が「歴代最年少」(『大臣日記』)と記したことが、「神話」の出所だと思われる――。

「田中蔵相・大平外相」には激震が走った。田中―大平ラインによる「クーデター」との見方が広まった。大野伴睦が「これでは田中・大平内閣ではないか」と一喝し、当のお二人は官房長官室へ逃げ込んだという。

角栄は「クーデター」の内実を、以下の如く回想している。

池田は組閣前、「前尾、大平、角栄の三人で、幹事長と蔵相、外相をやれ」と命じた。そこでまず前尾の幹事長留任が決まった。そして「大蔵省出身の大平や僕が蔵相になるのは適当ではない」との前尾の発言を受け、「田中蔵相・大平外相」が誕生したというのである。この説では「クーデター」どころか池田は角栄の蔵相に前向きだったように見える。

これに対し首相秘書官の伊藤昌哉は違う話を披露している。

それによると、池田が組閣案を練っている際、大平から「田中を使ってくれないか」との電話があった。だが池田は「田中は車夫馬丁《しゃふばてい》の類だ」と反対し、伊藤に「お前もそう思うだろう。大平にそう言え」と言って電話を代らせたというのだ。伊藤の証言通りなら、池田は「田中蔵相」など考えていなかったことになる。

また、大平の女婿で秘書官を務めた森田一は、「クーデター」の経緯を次のように明かしている。

組閣前、大平は森田に「田中君の所へ行くからついてこい」と言って菓子箱に五百万円を詰めさせた。二人は田中邸の塀を乗り越えて中へ入り、田中・大平が密談。その席で「田中蔵相・大平外相」が構想された。つまり大平がこの案の発案者で、「手土産」は角栄が反対しないための「挨拶料」だったというのである。「池田さんは『あんな車夫馬丁の類に大蔵大臣は務まらん』と機嫌が悪かった」との大平発言も紹介し、伊藤の話を裏付けてもいる。

伊藤、森田の証言が合致しているところからして、池田の念頭に「田中蔵相」など無かったと見てよいだろう。角栄の述べる「三人で幹事長、蔵相、外相をやれ」という話は、池田から「三役と官房長官で草案をつくれ」と言われたのを〝意訳〟したものではあるまいか。言ったもの勝ち、といわんばかりに過去を書きかえることは世間一般でもよくあるが、政界でも日常茶飯事だ。先の「池田蔵相」の件といい、殊に角栄はその傾向が強い。

では、なぜ池田は、最終的に同意したのか――。「車夫馬丁の類」を経済の舵取り役に据えることに。

当の角栄が、いみじくもその「答え」を明らかにしている。

「池田さん、この人は政策の人だ。自分でどんどん政策をやっていける。ところが池田さんは、わたしを主として政策面に登用したわけだよ。（中略）自分の土俵にわたしを引き入れて使ったほうが、『田中、組みやすし』と思ったんだろうな」（『早坂茂三の「田中角栄」回想録』）

池田にとって大蔵省は「庭」だ。庭は自分が管理する。大きいものから小さいものまで「石」の置場も自分が決める。

下手に財政に一家言を持ち、池田に楯突きかねない者が大臣になったら大変だ。角栄ならその点心配は無い。池田の路線に異を唱える可能性は無い。しかも実行力はある。自分の言ったことを人一倍上手くやる。自分が敷いたレールを角栄は思い切り走ればよいのだ。

角栄のことだ。人脈づくりに奔走し、自分と同じく大蔵省を「庭」にしようとするだろう。しかし、自分の地位が脅かされる危険は無い。何しろ角栄は叩き上げだ。大学だって出ていない。京大を出た自分さえ「赤切符」だった大蔵省に根を張れるはずが無い。張ったところで自分にかなうわけは無い。

角栄の読み通り、池田は「田中、組みやすし」と考えたのだろう。はじめ「まさか」、否、「馬鹿な」と思ったものの、熟慮のうちにその「効用」に気づいたのであろう。

加えて佐藤派への牽制にもなる。佐藤は角栄の入閣を推してはいたが、「大蔵」となれば心中穏やかでいられない。角栄は池田に恩義を感じるが、一方で佐藤の刺すような視線を浴びる。

保利も嫉妬に狂う。かといって佐藤らは派から蔵相が出ることに表立っては反対できない。「車夫馬丁蔵相」によって佐藤派を「分割統治」できるのだ。

ところで大平は、なぜ金品を包んでまで「田中蔵相」にこだわったのであろうか——その真意は、「大平外相」に対する反発を弱めるためではなかったか。

「田中蔵相・大平外相」に異論が噴出するのは誰でも予想できることだ。特に前者に対してだ。実際、「大平外相」より「田中蔵相」の方が驚きをもって伝えられた。

これがもし、「大平外相」だけだったらどうだったか。角栄が蔵相でなく通産相や建設相、運輸相あたりならどうなっていたか。角栄より大平が槍玉に挙げられたに違いない。外相を狙っていた大平は、角栄を「道連れ」にすることで、自分への批判をかわそうとしたと思えるのだ。

大平の方寸が、角栄を「悪用」する企図で占められていたというのではない。盟友が伸びれば自分も伸びる。角栄の出世を望んでもいただろう。だが同時に、「防波堤」としても使おうとしたのではないかということだ。

角栄も大平の魂胆を見抜いていたが、「大蔵大臣」の前には些細なことだ。ブーイングに晒されようとなってしまえばこちらのものだ。全てを承知の上で「クーデター」に乗ったのではないだろうか。

仮にそうなら「田中—大平ライン」「大平・田中枢軸」などといっても、実態は薄い「盟友関係」に見えてしまう。が、政治家同士の関係は、このようなものばかりだ。ウマが合う、意見が合う、といったことはあろうとも、まず前提として利害がある。それぞれ一国一城の主として秘書を抱え、支持者もいる。「盟友」といっても所詮は「取引相手」に過ぎず、腹の底まで明かして接するような仲間ではないのだ。

ともあれ、角栄は大蔵大臣に就任した。高等小学校卒業後、専門学校で学んだだけの成り上がりが、日本最高のエリート集団を指揮することになったのである。

〈これは現実の出来事なのだ。俺は大蔵大臣となったのだ……〉

初当選から十五年。その頃から、いや政治家になる前から総理大臣になる気でいたが、これでいよいよ現実味を帯びてきた。このポストを上手くこなせば、池田、佐藤の次は自分だ。おぼろげに見えていた「ポスト佐藤」の人影が、自分のシルエットと化してきたような気がした。

〈だが、甘くはない。相手は〝本物〟揃いだ。永田町のハッタリ屋たちとは違う〉

郵政大臣とも違う、今度は最重要閣僚だ……と、ここで角栄は、初入閣時を思い起こした。そういえば、あのとき「謀って大臣になった」とかましたら、思いのほか早く溶け込めた。初訓示の出来不出来を役人は見ているのだ。下手を打ったら「やはり、無能」とレッテルを貼られてしまう。

〈最初が肝心だ……〉

角栄は扇子を小刻みになびかせた。いつも以上にその動きは速かった。震えているようだった。いや、確実に震えていた。

「ウチの石だって、据えるところはいつも考えてるんだよ」

池田は改造直後の会見で述べた。前尾に加え秘書官三人を党・内閣に入れた。さらには「車夫馬丁」を大蔵大臣に配置した。

〈中心に置く石ではないと思っていたが……〉

角栄の蔵相にはまだ吹っ切れないものがあった。色々思うところがあって抜擢はしたが、なお、不安もあった。

〈これで良かったのだろうか。万一のときは任命した俺に批判が向かう〉

大平の「増長」も気になった。官房長官なのに総理の盾にならず暴走した。大平の尻拭いをさせられた気がした。本来逆ではないか。現に大平に対しては、派内に反発も出ている。

〈人事は何度やっても難しいものだ〉

池田は角栄と大平の顔を頭に浮かべた。

〈……〉

角栄の顔はどんどん小さくなっていった。反対に、大平の顔は次第に大きくなっていった。近親憎悪。最も近い存在であるだけに、角栄より大平に不安を抱いた。いや、不信が芽生えたという方が正確だった。

〈総理は孤独だ〉

最高権力者が必ず味わうこの感覚を、池田も痛感した。

総理になる男

東京タイムス政治部記者の早坂茂三は、大蔵省へ向かう新大臣の車に同乗していた。やがて角栄の秘書となる早坂も、この頃はまだ記者だった。元共産党員らしい不躾な口調で、角栄を挑発した。

「オヤジさん」

「……何だ?」

「大蔵省の連中はあなたが来るのを腕まくりして待ってますよ。小卒の土建屋が乗り込んでくるって」

「アハハ。君の言う通りだ。だけどな、俺は短い挨拶で連中を参らせてやる。見てろ」

角栄は自信満々だった。「謀って大臣……」を凌ぐ訓示案が浮かんでいたのだ。間もなく車は〝敵陣〟に到着した。

新蔵相は三階の大講堂へと入った。職員たちが揃っていた。

〈知っているやつらが一杯いる〉

新人の頃より大蔵省に出入りしていた角栄は、見知った顔が多いことに安心した。が、ニヤしている職員もいる。安心ばかりはしていられない。

——このとき主計官として出迎える側にいた相沢英之は、角栄が「何を言うんだろう」と思っていたという。「何をするかわからない、常識にはまらないいんじゃないか」とも見ていたそうだ。角栄と早坂の見た通り、天下の秀才たちは「腕まくり」をして待っていたのである。

角栄は「富士山」の真ん前に立った。「富士山」――「我ら富士山、他は並びの山」なる大蔵官僚の自負である。

〈最初が肝心だ。最初が……〉

練り上げていた〝切り札〟を胸に、新大臣は口を開いた。

「私が田中角栄だ。小学校高等科卒業である。諸君は日本中の秀才の代表であり、財政金融の専門家揃いだ。私は素人だが、トゲの多い門松をたくさんくぐってきて、いささか仕事のコツを知っている」

「富士山」は静寂に包まれていた。角栄は続けた。

「一緒に仕事をするには互いによく知り合うことが大切だ。我と思わん者は誰でも遠慮なく大臣室に来て欲しい。何でも言ってくれ。上司の許可を得る必要はない」

「富士山」が揺れた。ざわめきが起きた。

「できることはやる。できないことはやらない。しかし、全ての責任は、この田中角栄が負う。以上！」

「富士山」は唸っていた。本物と違って噴火はしないが代りにどよめきが起きていた。

〈……勝った！〉

挨拶を終えた角栄は、先取点を奪ったと満足した。講堂の後ろで聞いていた早坂もまた、「勝った」と思ったという。

角栄の「先制パンチ」は挨拶だけでは無かった。気も使った。秘書の佐藤昭に「五時を過ぎたら退庁するように」と命じた。秘書官たちが帰れなくなるとの配慮である。

新大臣は来客も凄かった。陳情客や知人たちが一日百人は訪れた。省内からは「こんなことは前代未聞」との声があがった。角栄は、次々と現れる訪問客を物ともせず、迅速かつ丁寧に対応した。しかも合間を縫ってテレビ・ラジオに出演し、財界の会合に出席。「この分では訪問客の数だけでなく、色んなエピソードが生まれるのでは」——就任一週間も経たずして、早くも角栄は異彩を放ち始めたのである。

が、難題もあった。新大臣への「御進講」だ。幹部職員が各々の所管事項をまとめ〝授業〟をするのだ。これをまともにやったら二週間はかかる。角栄は声を荒げて〝欠席〟した。

「僕は本を斜めに読む主義だ。一冊の本ぐらい十分もあれば何が書いてあるかわかる」

それでも国会前には書類を読もうと努力した。首相と蔵相の答弁が、もし食い違ったら閣内不統一となってしまう。軽井沢にこもって「受験生」になろうと決意した。けれど、国会答弁の資料は「百十万語」に及ぶ膨大なものである。最初の十頁で匙《さじ》を投げ、財政六法を駆使し国会を乗り切った。新蔵相の要領の良さと、付け焼刃で乗り切れてしまう国会審議のレベルの低さ。その両方が端的に現れた逸話である。ともあれ角栄は法令集を片手に答弁するコツを体得したようで、その後も「国会答弁の九割は自分でやる。歴代でもそういう大臣はあまりいない」「法律書があればまごつかない」と自慢げに説いている。

就任二カ月後の昭和三十七年九月、角栄はワシントンへ飛び立った。ＩＭＦ＝国際通貨基金の総会に、政府代表として出席することになったのである。

角栄は出不精だ。国会議員には珍しく、それまで外遊の経験が一度しかなかった。「外国を回って見聞を広げる」などと称して海外旅行に狂奔する輩も少なくないが、国外を見ようが見まいが政治家のスケールとは一切関係無いのだろう。

ちなみに地方議員の外遊、あるいは国内視察に至っては、「買春」が主目的ということも多いらしい。「豪遊」ぶりを得意げに語る「好青年議員」や「真面目議員」、事前の準備を怠らないセンセイまでいらっしゃる。社会の暗部を身をもって知ろうとしているのだろうか。それなら堂々と「調査結果」を報告すればよいと思うが、有権者の前では酒色の件などおくびにも出さないから誠に不思議だ。こういう方々に、より権限を与えようというのだから、世にはびこる「地方分権論者」もまた不思議である。

話の格調を戻して——角栄は総会で演説をした。趣意は貿易自由化だった。

「日本は輸入自由化に向け努力を続け、この十月には自由化率が約九〇％に達しよう。他方日本の輸出に対する差別的制限がなお多く存在するので、すみやかに撤廃していただきたい」

この演説は英語でなされた。語学と無縁の世界で生きてきた角栄は、娘の真紀子が吹き込んだテープで勉強した。仕上がり具合はといえば、本人いわく「拍手もたくさんあった。まあまあの出来栄えだったらしい」とのことだ。

大役を果たして気を良くした角栄は、総会後に立ち寄ったニューヨークにて、勧められるままに「王将」を唸った。大ヒットした村田英雄の演歌である。こちらは日本語だったせいか、「まあまあ」どころか「相当な」出来栄えだったということである。

日本へ戻って来た角栄の、次の仕事は予算編成であった。大蔵大臣にとって最も重要な仕事である。

が、鼻息荒い新大臣は、勇み足をした。予算案がまだ事務局査定の段階で、具体的数字を挙げ規模を喋ってしまったのである。

「一般会計は二兆八千三百億から五百億、財政投融資は一兆以上、ひょっとすると一兆一千億程度になるかもしれない。減税規模は五百億くらいだろう」

この発言が昭和三十七年十一月二十四日の毎日新聞朝刊に載ってしまった。省内からは「放言だ」との声が噴出した。

ところが予算案が出来上がると、雑音は跡形もなく消えてしまったのである。

十二月三十日に臨時閣議で決定された原案は、二兆八千五百億八百万円、財政投融資一兆一千九十七億円、減税規模は五百四十二億円。「放言」とあまりに近い数字であったのだ。

〈一瞬、「しまった」と思ったが……勉強と勘のおかげだな〉

その実角栄は、役人から要点となる資料を入手しており、それを元に全体の数字を弾き出したのだという。単なる勘ではなく、根拠となる数字を押さえた上での「勘」だったのである。

そして――大蔵大臣となり、予算編成を乗り切った角栄に、「将来の総理」という声も出始めた。

大平正芳、福田赳夫、石田博英らと並び、「自民党のホープ」に角栄の名が挙げられる。三菱銀行頭取の宇佐美洵《うさみまこと》が――無論リップサービスもあろうが――角栄を「将来は総理になる男」と絶賛する。角栄を首相候補と見る向きが出始めたのである。

〈浮かれてはならん。蔵相を全力投球でこなすことだ。さすれば次は幹事長だ。そして、その次は……〉

総理だ。池田と佐藤の次に現れる人影が、シルエットのみならず、目鼻立ちまで自分に似てきた。が、まだ完全では無かった。完全では。

〈くっきり見えるのは、幹事長をやりこなした頃だろう〉

やりこなして見せる。角栄の眼が、一段とギラついた。

大蔵省の〝隠し財源〟を見破る

ところで蔵相時代の角栄は、いくつかの「伝説」を残している。例えば次のようなものだ。

「盆暮れや冠婚葬祭時に金品を配った」

「課長補佐クラスの名前まで覚えていた」

「五分で予算折衝を処理した」

中でも興味深いのが、以下の「伝説」である。

「大蔵省の〝隠し財源〟のカラクリを見抜いた」――。

大蔵省には大臣や次官も知らない隠された財源があり、主計局はそれを予算折衝の山場で出して政治家や他省庁に恩を売っていた。しかし角栄はそのカラクリを見抜いた――というのである。

数名の論者が言及しているこの「伝説」は、確認した限り、原典は作家の神一行《じんいっこう》の著書と経済学者の斎藤精一郎の論文だと思われる。

神は『大蔵官僚』において、昭和三十九年度予算折衝の際、角栄が〝隠し財源〟を暴露したとして次の通り書いている。

「田中角栄は、自分で税収を計算して、この主計局の〝秘術〟を見破り、大臣折衝の段階で、大蔵官僚の思惑を無視して分配してしまった。逆にいえば、主計官僚の秘術を利用して、他官省や政治家に田中の個人的な〝恩を売った〟のである」

斎藤は『現代』で以下の如く述べている。

「田中角栄は、本能的ともいえる人心収攬《しゅうらん》術と鋭い感覚で、大蔵官僚たちを懐柔しつつ、主計局が予算編成において自然増収分を低く見積もって『かくし財源』を握っていることを見破った」（昭和五十四年八月号）

神の著作は昭和五十六年十二月発売の『週刊現代』が初出だから、時系列でいえば斎藤論文が「角栄が〝隠し財源〟を見抜いた」説の「元祖」なのかもしれない。

両者の記述を総合すれば、「角栄は、自分で税収を計算して、主計局が自然増収分を低く見積もり〝隠し財源〟としていることを見破った」ということであろうか。

この「伝説」の真偽を元大蔵事務次官・国務大臣の相沢英之に確かめてみた。主計畑の長かった相沢は、田中蔵相時代も主計官、法規課長、総務課長を務め、主計局の中枢に居た。個人的にも角栄と近く、ブレーンの一人に数えられる。「真相」を問うに相応しい人物だ。

神と斎藤の記述のコピーを見せながら、主計局の中心人物に質問した。

――ここにある〝角さんが隠し財源を見抜いた〟という話の真偽は。「角栄は税収を自分で計算した」と書かれているが、事実としたら、相沢先生がそれに協力したというようなことはあったのか。

相沢はコピーに目を通し、静かに口を開いた。

「ちょっとこれ……正確じゃないのはね……角さんは予備費に目を付けたんだ。予算っていうのはまず内示をして、それから何遍も復活折衝がある。復活の際は総体の枠が増えるわけじゃないから、隠してある財源もあった。はっきりしている財源は予備費。例えば三百億とかの予備費を復活のときに持ってくる。予備費は〝隠し財源〟というよりわかっている予算だ」

相沢は続けた。

「折衝の段階で、予算全体の数字を知るのは主計局長と総務課長、企画担当主計官の三人。予備費がいくらあるか、その時点では三人しか知らない。角さんは予備費に注目していて、『おい、なんぼ隠してある？　もうちょっといいだろ』とよく言っていた」

元主計官僚はさらに続けた。

「角さんについて言うと……復活のとき、角さんが予備費を三百億くらいと読んで、それを折衝で出したことがあった。角さんはそれで予備費を使い切ったと思っていたんだ。ところが本当はもっと残っていた。出来上がった予算書を見た角さんが、秘書官に『主計局は大臣の俺まで騙す』と言ったことがある」

――予備費に着目した蔵相は他にいなかったのか。

「いや、いない。角さんだけ」

そして相沢は、本当の〝隠し財源〟は角栄も知らなかったと話した。

「〝隠し財源〟は各省に人件費などで隠してある。それは各省の官房長と会計課長しか知らない。例えば国税庁は人員が多くて人件費が高いから、多めに膨らましても外からはわからない。そういう所から少し削って持ってくる。これは大臣も知らないし、角さんも知らなかったはずだ。ただ、何かあるということは察知していて、『おい、どっか隠してないか』とよく聞いてきた」

相沢の話が事実なら、「伝説」の真実は、「予備費に着目した」ということになる。しかも角栄は、本当の〝隠し財源〟は知らなかった模様だ。

神や斎藤は「角栄は税収を自分で計算した」「角栄は自然増収を低く見積もっていることを見破った」と書き、それが一部に「伝説」として広まっている。いずれも情報源は明記していないが、前後の記述から忖度すると、相沢と同じく大蔵官僚ＯＢのようだ。

事は〝機密事項〟であろうから、実名で語る相沢より、匿名ＯＢの方が真相を明かしている気がしないでもない。

しかし相沢は、角栄の発言を具体的に述べている。

「なんぼ隠してある？」

「大臣の俺まで騙す」

る。

「どっか隠してないか」

角栄が〝隠し財源〟のカラクリを見抜いていたなら、こうした会話はなされなかったと思える。

また相沢は、「各省庁に財源を隠してある」などと〝本当の隠し財源〟につき語っている。「伝説」を単に否定するばかりでなく、「真相」を明かした以上、とぼけているとも思えない。

さらに、「税収を自分で計算した」と簡単にいうが、そのようなことがたやすくできるものなのだろうか。算出するには各項目のデータを集めなければならないはずだが、大蔵内部の協力も無しに、そうしたことができるのであろうか。協力者が居たとして、相沢の耳に入らずにいられるものなのか。

相沢は爾後も大蔵省の中枢を歩み、主計局長を経て次官に上り詰めている。その間一貫して角栄に近かった。主計局の〝秘術〟が見破られるという「一大事」があったなら、相沢がそれを知らずにいたとは不自然な感じがする。

質問者は財政の素人で、回答者は玄人中の玄人だ。あるいは手玉に取られたのかもしれぬ。が、インタビュー全体を通し、相沢は率直に答えているという印象を受けた。半可通が安易に結論を下すのは、僭越とのそしりを免れないかもしれないが——「伝説」か、はたまた「相沢説」かと問われれば、後者に分があるような気がした次第である。

た。

角栄の冴える「権謀術数」

昭和三十八年一月。池田が総理となって三度目の新年である。

一月下旬に行われた施政方針演説において、「人つくり国つくり」なる文句が謳い上げられた。

池田は前年よりこの言葉を口にし始めていた。「所得倍増は目的ではなく、人つくり国つくりの方法なんです」と力説した。

秘書官の伊藤昌哉に言わせると、池田は「経済的独立の奥に精神の独立が必要なのだ」と考えていた。そして「人つくり」の目標は「日本の防衛」にあったというのだ。

事実池田は、折に触れ「タカ派」言説を唱えていた。

欧州外遊時、「日本に軍事力があったら俺の発言権は十倍した」と漏らしたり、米誌の取材に「政治的・経済的解決より文句無しに軍事的解決が重要」と答えたりした。記者と懇談している際も、酒が回ると「大国日本は、それに相応しく核武装すべきである」とオダを上げるのが常だったという。

だが池田は憲法改正には慎重だった。それが可能な「人つくり」ができていないと考えていた。下手に改憲を掲げたら、内乱になりかねないと危惧したのだ。安保の記憶がまだ新しい当時である。池田の判断はやむを得ない面があっただろう。このあたり、改憲を志向しながらも、頃合いを計りかねている安倍晋三と似ている。池田は「国つくり」の「第一段階」たる経済で成功を収めたが、「第二段階」は見果てぬ夢に終わった。「第一段階」でもがいている安倍は次の段階へ進めるのだろうか。

さて、昭和三十八年七月、池田は内閣を改造した。また十八日であった。翌年も含め、池田は四年連続七月十八日に組閣をしたものである。

焦点は佐藤の入閣であった。佐藤は元同級生への不満を隠さず、河野、大野らとの確執も深めていた。

が、やはり一方の雄である。佐藤を外し、河野らに傾斜し過ぎても巧くない。次を狙う佐藤にしても、総理との距離が広がり過ぎるのは得策ではない。とはいえ入閣したところで、池田が三選に意欲を示せば、対決は不可避だ。池田も佐藤も間合いを見計らっていた。

組閣の数日前、池田は大磯に吉田茂を訪ねた。「校長」は「生徒」同士の反目に、頭を悩ませていたようだ。帰京の夜、池田は秘書官の伊藤に呟いた。

「吉田さんはとうとう俺に本音を吐いたよ」

「本音」――「次は佐藤」ということか、「佐藤と協力して組閣を」ということなのか、解釈は分かれる。だが「佐藤を大事にしろ」との主旨であることは疑いない。

結局、佐藤は入閣した。科学技術長官、北海道開発庁長官、オリンピック担当の三ポスト兼任である。角栄、大平、前尾も現職にとどまった。河野も建設相に留任し、藤山愛一郎が総務会長に新任。「新実力者体制」と呼ばれた。

改造四カ月後の十一月、池田は衆議院を解散した。在任中二度目の解散を打つのは吉田以来である。

結果、前回より減りはしたものの、自民党は二百八十三議席で勝利した。河野派が躍進し、佐藤派は減った。河野と佐藤の争いは、ますます激化することになった。

またこの選挙では、吉田茂が引退した。「ワンマン」は厳しい選挙が予想されたため、池田自ら引導を渡したのである。小泉純一郎が中曽根康弘に引退勧告したときと異なり、穏便に決着した。信頼関係の差だろうか、礼節の差であろうか。等しく元首相の石橋湛山は落選した。

断トツで八度目の当選を決めた角栄は、〝僥倖〟にも恵まれた。

佐藤派のもう一人の大幹部、保利茂が落選したのである。「政治家は選挙に落ちればタダの人」――大野伴睦の名言を、保利は噛みしめたに違いない。

〈これで、「佐藤政権」での俺の幹事長は決まった……〉

政治家にとって一番の目障りは、他党でなく同じ政党のライバルだ。選挙区で、党内で、派内で、自分との差が少ない者ほど邪魔である。同輩の不幸は蜜の味。角栄は、いや角栄ばかりか橋本登美三郎《はしもととみさぶろう》らも、保利のつまずきにはさぞかし溜飲が下がったであろう。

だが保利もしたたかだった。この寝業師は吉田御大の信頼を得ていた。池田、佐藤と並ぶほど、あるいはそれ以上と見る向きさえあるほどだ。ノーバッジゆえ表舞台には立てずとも、この佐賀人には「ワンマン」とのパイプという役回りがあった。そして落選早々、出番は来た。

昭和三十九年正月、保利が大磯へ年始に伺うと、吉田から相談を受けたのである。

「池田君も、ここらで一旦降りた方がいいような気がする。池田君もまだ若いから、余力のあるうちに一休みして、次は佐藤君を、と考えている。佐藤君もまた、あまりみっともなくならんうちに池田君に返す、そういう気持ちでいてほしい。私議するわけではないが、どうだろうか」

「佐藤さんがどう考えるかわかりませんが、私は大変結構だと思います。佐藤さんにいっぺん確かめてみますタイ」

保利は密談相手に選ばれたことに満足しながら帰京した。これが政治なのだ、これが力なのだと血が騒いだが、ふと、胸にバッジが無いのに気づいた。淋しかった。そこが——そこだけではないが——角栄との決定的な差だった。

保利は早速佐藤と面談し、吉田の意向を取り次いだ。

「大磯の意見は、池田がここらで降りて、次はあなたというものですタイ。その代わり、また、池田に返せと」

「……ウン、こちらは結構だ」

佐藤は承諾した。けれど、吉田はこの話をなかなか池田に持ち出さなかった。ああ見えて「ワンマン」は、総理の座に敬意を払っていた。たとえ愛弟子の池田であろうと、「総理」であるからには気安く持ち掛けるわけにはいかなかった。まして話題は「政権私議」だ。切り出せぬまま時が過ぎた。とどのつまり吉田と池田は会談せず、愛弟子同士がぶつかり合う総裁選に突入してしまうのである。

昭和三十九年四月、日本は先進国の仲間入りをした。

ＩＭＦ八条国に移行し、続いてＯＥＣＤ＝経済協力開発機構へ加盟したのである。

ＩＭＦの八条国になると、国際収支の悪化を理由に為替制限ができなくなる。またＯＥＣＤとは、一言でいえば「金持ちクラブ」である。いずれも先進国の証であった。

池田内閣が始まった昭和三十五年と、一等国に復帰した昭和三十九年を比較してみると――。

名目ＧＤＰは世界五位のまま変わらないが、比率は一位アメリカの九％から一三％に上昇。四位フランスとの差も七三％から八九％へ縮まっている。造船、オートバイ、カメラ等の生産量は、世界一に達していた。まだまだ課題は残されていたものの、焼け跡から約二十年でここまで来たのである。

蔵相として歴史の一場面に立ち会った角栄は、この当時のことをよく演説で話したという。

「食うや食わずの日本がですね、ＩＭＦの八条国になったんですよ、そしてＯＥＣＤに加盟した。世界でね、日本は一人前になった。十番に入る先進国になったんですよ」（『田中角栄』）

「食うや食わず」……そう、「食う」である。「衣食住」というが、本当は「食衣住」だ。否、「衣住」は逆でもよい。「食」が一番先ならば。終戦後、その日の夕飯にも困っていた国民が、食うに困らぬ国へと成長したのである。その一点だけでも、日本の道は誤っていなかったといえるのではないか。

「道路三法」によってモータリゼーションを演出した角栄も、間違いなくこの繁栄をもたらした一人だ。流通経路の充実無くして高度成長無し。池田が指し示した大方針を、現場の作業員としてしかと支えていたのである。

〈終戦で朝鮮から戻って来たとき、我が国は焼け野原だった。それが、ここまで来た。俺のつくった法律のおかげで〉

そして今、経済の司令塔たる大蔵大臣として、日本が先進国となる姿をこの眼で目撃した。

〈いや、俺が先進国にしたのだ。我が国を〉

角栄の自負は凄まじかった。見る見る頬が紅潮した。何かに憑かれたようだった。しかしこの化け物は、つと、我に返った。

〈だが、政局は……〉

池田と佐藤。直接対決の気運が日増しに高まっていた。池田は三選を狙っていると囁かれ、佐藤も立つといわれていた。角栄の戦略は、当然対決回避である。二人が斬り合って得することは何も無い。

〈吉田さんの調整も上手くいってないようだし、俺も手を拱いてはいられない……〉

池田と佐藤の間を走って来た角栄は、眉間にしわを寄せた。すでに蔵相の顔では無かった。ドロドロした派閥政治家の顔となっていた。愛国心のかけらも無い、権謀術数の塊に見えた。しかしその権謀術数によって累進し、要路で活躍できたのであった。

キャスティングボードを握った

「親の心子知らず、めが……」

池田は一人呟いた。もちろん、佐藤に向かってだ。周囲にもそう口にしていた。

〈受験の日からの仲だというのに……〉

あの夏から四十五年以上が過ぎていた。名古屋の下宿で出会った二人は、その後共に官僚となり、政治家となった。同じ「吉田学校」の生徒にもなった。互いの家を行き来もした。池田が首相になるときは、佐藤の支持がモノをいった。

けれども、池田内閣ができてから——。

佐藤は事あるごとに反抗的態度を見せてきた。「落第坊主を『総理』と呼べるか」などと公言していた。

他方、敵だったはずの河野は熱心に池田を支えていた。仕事もできた。短所も多いが、長所だけを較べれば、佐藤より圧倒的に上だった。実際、河野は池田内閣の支柱だった。

佐藤と河野は犬と猿だった。池田はその上に乗っかった。チェックアンドバランスだ。両雄の軋轢は内閣の安定に役立った。

池田は佐藤を利用したともいえる。それでもなお、「同級生」との思いは心の片隅に残っていた。自分が存分にやり切ったら、「次」は佐藤が好ましいと思っていた。いや、佐藤がなるべきだと考えていた。河野は所詮傍流なのだ。吉田御大や財界の受けも悪過ぎる。

だが佐藤は池田の悩みを理解せず、かえって被害者意識を強めていった。今度の総裁選への対応も、素直に「池田三選」を受け入れるとは思えない。決戦だ何だと騒いでいるのは周りだが、佐藤も止めようとしていない。

〈いっそ、河野に――〉

池田は佐藤に対して近親憎悪を募らせた。しかもその近親憎悪は足元にまで向けられていた。

〈大平も、調子に乗り過ぎだ〉

外相として場数を踏むにつれ、大平は独断専行が目立ち始めた。自分に相談せず、勝手に事を進めるようになってきた。「宰相候補」などと持ち上げる馬鹿がいるからまた図に乗る。若手に金を配ったという話まで聞こえてきた。

〈誰のおかげでここまで来られたと思っているのか。秘書官にしたのも、国会議員にしたのも、大臣にしたのも、全部俺ではないか。何もかも俺のおかげではないか。それなのに――〉

何様のつもりだ。金まで配るとは。配るにしても、事前に一言あって然るべきだろうが。

池田自身、吉田と石橋に引き上げられて栄達したのだが、そんなことは考えもしなかった。政治家は概して子分に厳しいが、「寛容と忍耐」を謳う池田も部下の台頭を警戒した。

そんな折、角栄がやってきた。相変わらず闊達だ。

「池田さん、いや、総理。お話があるんですが……」

「何だ、もったいぶらずに言えよ。君らしくもない」

「いやね、池田内閣ももうすぐ四年で、そろそろ花道を考えなきゃならんと思うんです。七月に総裁選があるけど、ちょうど十月に東京五輪が始まるから、それを花道にしてもいい」

「……」

角栄がオリンピックを持ち出したのは、池田の肚を探るためである。五輪花道論なら三選を狙うということだ。

「総理の辞め時というのは一番難しい。あの吉田さんでさえ、最後はボロボロだった。池田さんにはその轍を踏んでもらいたくないんだ」

「……」

「俺は池田さんに三役にしてもらったし、大蔵大臣にまでしてもらった。全部、総理、あなたのおかげです。本当に感謝しています。だからこそ、キレイに辞めてもらいたいんだ」

「……」

「池田内閣は実績を残した。ＯＥＣＤにも入った。俺も蔵相として鼻が高いですよ。でも、俺の力じゃない。総理の力だ。俺は総理の言われた通りやっただけなんだから。総理、池田内閣の業績に傷をつけないためにも、辞め方が重要です。何かに失敗して辞めるのはよくない」

「……」

「で、その次は、佐藤に禅譲してもらいたいんです」

「…………」

「総理、色々な思いがあるのはわかってます。だけど同じ『吉田学校』の生徒じゃないか。高校だって同級生じゃないか。あんた方二人は車の両輪だ。自民党という車が動き続けるためにも、次は佐藤しかいない」

「……」

「一度、佐藤と裸になって話してください。そうすれば誤解は解けますよ。元々仲間だったんだから。何十年も前から知ってるんだから」

「……わかった。一度、佐藤とじっくり話してみよう」

「譲る」とは言わなかった。「話してみよう」と言っただけだ。時期も明言していない。要は玉虫色だった。池田らしくはないけれど、この場はこれで良いのである。自身は言質を与えずに、角栄の顔も立てられる。事は出処進退なのだから、軽々に論じてはならないのだ。

ときに池田の本心は――「三選」であった。ただ、任期一杯やるつもりは無かったようで、満枝には
「オリンピックを無事済ませたら辞めたい」

と漏らしていた。まさしく「五輪花道論」である。

とはいえ、総裁選はしがらみを生む。「選ばれた」という事実が心を変える。刻々と移ろう状況の中で、「初一念」を貫くのは至難の業だ。

〈あの男もあの男で、必死なんだろうな〉

池田は禅譲を持ち出され不愉快に思ったが、角栄の率直さには好感を持った。狡さもあるが根は正直だ。言いにくいことも自分で言う。他人に言わせようとしたりはしない。今回もそうだ。

〈中心に置いて正解だったかもしれん〉

池田の頭に庭が広がった。我ながら上手く置いているものだ、と口元が緩んだ。が、すぐに険しくなり、目を閉じた。

〈もし——佐藤とやり合うことになったら〉

かつてない勝負になるだろう。政治家人生の中で、一番激しいものになるかもしれない。

池田は佐藤との日々を回想した。昔、そのまた昔へと遡っていった。ややあって、初めて会った大正七年七月に行き着いた。その日の情景がまぶたに浮かんだ。懐かしかった。二人とも若かった。

〈……そういえば、あの日もあいつは酒を飲まなかったな〉

受験が終わった日、打ち上げでカフェに繰り出したものだが、一杯きこしめす池田をよそに、佐藤はミルクセーキで満足していた。

〈初めから、俺とは違う道だったのかな〉

隣り合わせているけれど、決して一つにならない別の道。どちらの道が正しいか、面と向かって決着をつける日が来るかもしれぬ。

〈……山より大きなシシは出ないさ〉

池田は目を開けた。険しいがどこか余裕のある面差しだった。

「探り」を済ませた角栄は、池田の肚を推測した。

〈三選に出なければ佐藤をやるだろう。ただ、三選に立てば……〉

簡単にはいかない。「五輪花道」などといっても、すんなりいくはずが無い。佐藤も今度は立つであろう。そうなると、禅譲どころか決戦となる。

〈血みどろの死闘なんて冗談じゃない。俺も返り血を浴びちまう。何とかして衝突を避けなければ……〉

扇子を閉じたり開いたりした。いつも以上に慌ただしい体だった。それは自信が無いせいかもしれなかった。

第七章　田中角栄、池田勇人、かく戦えり

かつての級友、池田と佐藤、壮烈なる闘い

時は来た。昭和三十九年五月十八日の夜だった。

その日午後、角栄と佐藤が話し合った。無論、主題は総裁選だ。

「おい、田中君。池田の方はどうなんだ?」

「ええ、池田はあなたに譲ると思います。ただ、三選を狙うかどうか。出ない気がしますが、五輪を花道にという意見もあるので……後は話し合い次第です」

「……じゃあ明日の閣議の後なんかどうだ? 池田と腹を割って話したいんだが。君、ちょっと池田に電話してみてくれ」

「……はい、では」

角栄は受話器を耳にダイヤルを回した。耳が汗ばんだ。佐藤はあの眼で角栄を見ていた。頭の中も心の中も見ていた。汗はさらに滲んだ。

「あの、総理、先日の件ですが……次は佐藤っていう……間違いないですよね?」

「……何だ、電話で。お前、俺がウソ言うと思うか？　……ははん、そこに佐藤がいるんだな？」

「ええ、いるんです。ここに。代りますか？」

「いいよ、出すことない、出さんでいいよ」

「わかりました……で、この前の話ですけど、明日の閣議の後なんてどうでしょう？　佐藤の方は都合が良いみたいなんですが」

「明日？　……明日はまだ早いだろ。まだ五月だ。そんな時期じゃないだろ」

「そうですか……ではまた改めて……次は佐藤で大丈夫ですよね？」

「お前、そんなの、俺がウソつくか？」

「……わかりました。では」

角栄は受話器を置いた。佐藤を見た。岩石のように固まっていた。眼だけが炯々《けいけい》と光っていた。

〈佐藤は疑ってるな……〉

否、〝仲介人〟自身が疑っていた。確定ではないが、気分は「三選」だと感じられた。ならば、禅譲も揺らぐ可能性が高い。

角栄は汗だくになって口を開いた。

「今晩、池田のとこに行きますわ。で、もう一回押してみます」

「……ウン、そうしてくれ」

角栄は焦った。竜虎激突の事態となれば、佐藤と池田とに置いていた軸足は——股が裂かれてしまうではないか。

〈派内の主戦論者どもも、ここぞとばかり俺を責めるだろう〉

敵を減らそうと努力して、保利の落選にも恵まれたのに、下手したら火傷してしまう。

〈次は佐藤、俺が幹事長。そのためには池田とぶつかってはならん〉

こうなったら、禅譲のためにはむしろ池田三選——これしかない。三選に協力することを強く訴えるしかない。角栄は素早く頭を切り替えた。

池田に佐藤への禅譲を確約し、そのうえで三選に協力する。池田は五輪どころか任期を全うするかもしれないが、その次は確実に佐藤へ譲る。佐藤は容易に首肯しないだろうが、池田が頭を下げて懇願すれば、出馬を回避するかもしれない——。池田と佐藤のパイプ役は、もはやなりふりかまわなかった。「股裂き」は勘弁だった。

その夜、角栄は早足で池田邸に乗り込んだ。辺りは暗い。佐藤派の侍大将は、主人と相対するや斬り込んだ。

「池田さん、佐藤が会いたいと言っている。昼も話したけど、お時間とってくれませんか」

「いや、時期が早いって言っただろ。そんなことはすべきじゃない」

角栄は身を乗り出した。

「池田さん、三選には協力します。全力でやります。だから、佐藤への禅譲を約束してくださ い」

「……」

「同級生同士がぶつかって良い事など一つもない。あなたの口から禅譲を確約すれば、佐藤だってわかりますよ」

「……」

「会うのが無理なら、佐藤に電話してやってくれませんか。そこで、あなたから佐藤に、禅譲を約束して、三選への協力を頼んで欲しいのです」

「……わかった、電話しよう」

池田はうなずき、佐藤邸のダイヤルを回した。が、主人は出なかった。風呂に入っていたのである。

佐藤から折り返すことにして電話を切り、池田と角栄は晩酌を始めた。池田は次第に出来上がってきた。

〈……ちょっと、酔ってきたな。大丈夫かな〉

角栄が不安を覚え始めた折、佐藤から電話があった。

酔客は「オウオウ」といって立ち上がり、受話器をとった。

「やあ」

池田は何気ない挨拶で始めた。だが佐藤は単刀直入だった。

「次は俺に譲ってくれないか。今度の総裁選に俺は立つつもりだ。俺を応援してもらいたい」

「！」

現職総裁はカチンと来た。負けじとやり返した。

「何だ、いきなり。俺だって出るつもりだ」

売り言葉に買い言葉。言明していなかった本心を、池田は吐き出した。ほろ酔い不機嫌の三選出馬表明だった。

「……何だ、俺に譲ってくれるんじゃなかったのか」

「政権を私議することなんてできるわけないじゃないか。馬鹿なこと言うな」

「何だ、失礼な。……まあいい。だいぶ酔ってるみたいだからな。とにかく俺は立候補するから、そのつもりでいてもらいたい」

池田の傍らにいた角栄は、頭を抱えた。

〈いい大人が、何やってるんだ……〉

つまらぬ小さなやりとりが、時として政局を揺るがせる。その見本のような例だった。

〈これで、俺の戦略は練り直しだ……〉

興奮冷めやらぬ様子の池田に、角栄は言った。

「今の電話で、俺の肚も決まりました。まあ残念ですが、あなたがはっきり言われたのは良かった。正々堂々とやりましょう」

池田はまだプンプンしていたが、角栄は一礼し、下がった。

〈どう、立ち回るかだ……〉

帰り道、角栄は激烈な勢いで扇子をあおいだ。池田、佐藤の次に見えかけていた人影が、またぼんやりとしてしまった。ひたすら手首を動かし風を起こした。顔の横で暴風が発生した。汗が飛び散り暴風雨となった頃、ふと思いついた。

〈待て、やりようによっては好機かもしれないぞ……〉

池田・佐藤の戦いでなく、自分の勝負の前哨戦だと思えばいいのだ。上手くすれば好意的なグレーゾーンを広げられるかもしれぬ。そのための方策が、一つ、浮かんだ。

〈金の切り方だ〉

角栄は扇子を畳んだ。と同時に、ぼんやりとした人影が、徐々に鮮明になってきた。シルエットも目鼻立ちも自分に似てきた。もう少しでくっきりと見えそうだった。

億の金が飛び交う「総裁選」を仕切る

池田勇人、佐藤栄作、藤山愛一郎の三名が名乗りを上げた、昭和三十九年七月十日の自民党総裁選——。

この公選は、後世に語り継がれる激戦となった。特に池田・佐藤の争いは苛烈を極めた。池田には、禅譲を期待する河野一郎が添う。一方佐藤は、藤山との二、三位連合を画策する。各派入り乱れての知恵比べ、力比べ、金比べが展開された。わけても三番目が凄まじかった。総裁選史上、屈指の金権選挙といわれ数々の隠語が生み出されたほどである。

二派から金を貰うのが「ニッカ」、三派からが「サントリー」、各派から頂戴してどこにも入れないのが「オールドパー」、一括して買収するのが「トロール」と呼ばれた。さらには派の決定を無視し佐藤で動いた者たちを「忍者部隊」、反対派から一人ずつ買収するのを「一本釣り」、切り崩しを防ぐため自派議員に金を渡すのが「防弾チョッキ」といわれた。

驚くべきことに、日銀から億単位の金が持ち出され、工作資金に使われたとの噂まで流れた。「日銀の金を持ち出す」——そんなことが可能なのだろうか。一説によれば、新札ではなく廃棄紙幣が掠《かす》め取られたのだという。

古くなった紙幣は破棄処分となるのだが、なにも価値が無くなるわけではない。普通に世間で使えるのだ。その金を、某陣営が日銀から運び出し、軍資金に使ったというのである。

この話は実名入りの怪文書がばら撒かれ、雑誌に載り、小説の題材にも使われた。しかも、「実行犯」と名指しされた役人が変死したという後日談まである。

併せて撒かれた怪文書には、某候補の私生活の件も書かれているが、確認したところ事実のようだ。だからといって日銀の話も事実だとはいえないが、それほど熾烈な戦いが繰り広げられたということだ。

角栄も無論「実弾」を放ったが、一風変わった放ち方をした。

他の議員は投票先を確認するか、お願いをして金を渡す。が、この「金権の大家」はそうではなかった。

「あのな、金はこういうときに貰っとくもんだよ。こんなこと、そうザラにあるもんじゃない。佐藤さんに投票する、しないはどっちでもいいんだ。まあ、貰っといてくれよ」

こうやると、大抵の相手は受け取って、佐藤に入れたというのである。

人を安く使おうとするとロクなことにはならないが、かといって、金を貰ったから投票するとは限らない。出し方次第で反発を生み、背信を招く。負担や束縛感を与えたら、もうその相手は「ニッカ」、「サントリー」と化してしまう。もとより政客は面従腹背揃《めんじゅうふくはい》いである。

しかし角栄のやり方なら対価が無い。佐藤に入れなくたって裏切りではない。池田派だって藤山派だって受けとり易い。少なくとも角栄個人にマイナスとはならない。代償抜きで金をくれたと好意を持つ者も出る。そう、角栄は総裁選にかこつけて、グレーゾーンを開拓したのだ。

実際、この公選では「隠れ佐藤派」が暗躍したが、詮ずるところその正体は「隠れ田中派」だったとの指摘もある。角栄は佐藤の票をほぼ完璧に読み切ったものだが、「隠れ田中派」の数を正確に把握していたからこその票読みだったかもしれない。

池田をあまり刺激しない方法で佐藤をやり——派内で「田中はどっちを向いてるんだ」と皮肉る声もあったが——、おまけにグレーゾーンを拡大する。池田と佐藤に同道する戦略は狂ったが、転んでもただでは起きない角栄だったのだ。

投票を控え、河野派などは同一のボールペンを配った。無記名投票ゆえ「裏切り者」が出るのを防ぐためである。投票用紙を見せ合う方法をとる派もあった。

佐藤は藤山に「三十五票」回した。藤山があまり少ない票だと二、三位連合に支障が生じぬとも限らないからだ。藤山が個人的には佐藤より池田と親しいことへの危惧もあっただろう。「実弾」と「情報」が乱れ飛び、投票用紙が強奪される可能性まで取り沙汰された総裁選の結果は——。

投票総数四百七十八票だった。無効三票、名乗りを挙げていない灘尾弘吉にも一票入った。一位は池田勇人で二百四十二票。二位は佐藤栄作で百六十票。三位は藤山愛一郎で七十二票。天下分け目の決戦は、過半数を上回ることわずか四票で、池田の勝利に終わったのである。三選を決めた池田は帰り際、「危なかったな」と呟いた。松村謙三は「一輪咲いても花は花」と評したが、まさに薄氷を踏む辛勝であった。

公選後、愛弟子同士が喧嘩別れにならぬよう、吉田が大磯から上京した。佐藤は吉田の待つ麻生太賀吉邸へ直行したが、池田は官邸にいたまま来なかった。吉田は官邸に飛び池田と会ったが、佐藤を交えた三者会談はならぬまま終わった。

池田総理に引導を渡す

昭和三十九年七月十八日、三選された池田は内閣改造を行った。幹事長は前尾から三木武夫に交代し、大平も外相から副幹事長に回った。総務会長説もあった角栄は蔵相に留任。内閣に残った。

だがこの内閣は四カ月と持たなかった。

池田が退陣したからである。

喉に変調を来した池田は九月九日、がんセンターへ入院。「前癌症状」と発表されたが、本当は癌であった。その事実は秘匿され、周囲のごく一部にのみ伝えられた。が、前述したように、外国情報機関も掴んでいたというから恐ろしい。

十月十日から東京五輪が開催され、二十四日に閉幕。日本の復興を象徴する祭典が無事終わるのを見届けた池田は、翌日、辞意を表明。師の吉田にも電話で辞任を報告した。奇しくもこの日、大磯には佐藤が参上していたという。

池田は後継者が話し合いで選出されることを望んだ。副総裁の川島正次郎、幹事長の三木が二週間後を目処に選考にあたったが、候補者は三人に絞られていた。

佐藤、藤山、そして河野一郎である。本命は佐藤、対抗が河野、成り行き次第で藤山もありうるとの見方が一般的だった。公選とは一変して水面下の情報戦が展開された。

三名の中で、国民的人気は河野が圧倒していた。

昭和三十八年九月に日本テレビが実施した「好きな政治家」調査においては、池田が一位で河野が二位。比率はそれぞれ八・〇％、五・二％である。藤山は一・九％で三位、佐藤に至っては〇・八％で九位だった。

「女性自身」の同年十二月二十三日号の「尊敬する政治家」投票では河野が一位。二千百五十八票を獲得した。二位は池田で一千九百二十五票、藤山は五位で一千百七十三票、佐藤は五百三十二票で八位である。かように河野は国民の支持を得ていたのである。

実力もあった。案件を次々と処理する実行力を持っていた。中でも東京の治水工事は河野の力量を見せつけた。

当時、都内は慢性的な水不足に悩まされ、利根川などの水を引っ張る計画が進んでいた。当初数年かかる予定であったが、五輪もあることとて事を急いだ河野は「出水期も工事を続けろ」と政治決断。現在でも五年は要するとされる工事をたったの一年二カ月で完成させたのである。

だが河野は財界から総スカンを食っていた。「ゆすりまがいの金集めをする」と蛇蝎の如く嫌われていた。党内の評判も芳しくなかった。

佐藤もまた衆望《しゅうぼう》を担っているわけではない。敵も多い。けれど、河野よりは「マシ」と見られた。五高の同級生たちも佐藤で動いた。

佐藤派幹部の角栄は、辞任を表明する少し前、池田を病院に見舞っている。その際池田は人払いし、角栄と向き合った。

「ちょっと前に河野君が来てくれたよ」

「……」

「……後任は誰にするんだ」

池田が辞意を固めたことを悟った角栄は、明言した。

「それは……佐藤栄作です」

「……ウン」

池田は頷き、そして続けた。

「……ただ、今回は、運動しては駄目だ。金も絶対使うな。党内での飲み食いもするな。いいな?」

「わかりました。絶対守りますし、守らせます。……このことは大平君にだけは伝えてください」

翌日角栄は池田とのやりとりを佐藤に伝えた。しかし、まな板の上の鯉の佐藤は安心できず、裁定が迫った十一月六日、角栄に再度確認している。

佐藤は派閥事務所に角栄を呼び出した。ボスは一人待っていた。

「……間違いないだろうね」

「間違うはずがありません」

「……大平に念を押してくれ」

〈そんなことしたら、大平を疑うことになりはしないか……〉

角栄は恐れたが、目の前の佐藤も必死だ。やむを得ず受話器をとった。

「失礼なことだが……佐藤さんが今、君に変わったことはないか聞いてくれといわれてね」

「……変わったところは全くない」

きっぱりとした大平の声を聞き、角栄は佐藤へと振り向いた。

「変わったところは全くないそうです……あなたが直接、電話口に出ますか?」

「いや、結構だ」

佐藤は表情を変えぬまま窓際の方へ歩いて行った。

〈俺に恥をかかせやがって……〉

角栄は満身を火照らせた。が、努めて平静を装って、電話に戻った。

「失礼した、いずれ……」

角栄はその日のうちに大平の許へ飛び、釈明を試みた。だが大平は、角栄を制し、さらりと言った。

「君も俺も信用ないんだからね」

「信用ない」――大平は読売新聞記者の渡辺恒雄にこう語ったことがあるという。

「池田は私が官房長官のときまでは、非常に信用して何でも相談してくれたんです。しかしいまは私に嫉妬している。私が外務大臣になったら、次の総理候補として私に人気が移る。池田はそれを感じて非常に私を警戒しているんです。あなた方は池田・大平は一心同体と思われているでしょうが、まったく違う」（『渡邉恒雄回顧録』）

佐藤派の大幹部田中角栄と池田派の大幹部大平正芳。どちらも大将との隙間風に悩んでいたのだ。

子分の当選を妨害する親分、それとなく足を引っ張り合う元同僚同士……政治家連のつながりは、全く難儀なものである。

池田の退陣表明から二週間が過ぎた昭和三十九年十一月九日。

朝七時、調整役の川島、三木が池田の病室へ入った。大平と官房長官の鈴木善幸も同席した。川島と三木は選考の経緯と党内情勢を報告し、後継者を推薦。

その名は「佐藤栄作」であった。田中―大平ラインの目算通りの結論だった。

〈サ・ト・ウ……〉

池田の意識はそこに無かった。大正七年七月にあった。あの、受験の夏に帰っていた。若い池田と佐藤がいた。

〈あのとき、「一緒に受験するのも何かの因縁だ」などと言った気がするが……〉

よもや、順番に総理大臣を務めることになろうとは。池田は佐藤との因縁をあらためて感じた。

ふと、打ち上げの夜を思った。

〈奴の飲んでいたミルクセーキは、どんな味がしたんだろう〉

俺も飲んでみれば良かったと、四十六年前の注文をちょっぴり後悔した。のん兵衛の道と下戸の道が一つになった瞬間であった。

昭和三十九年に戻った池田は、裁定後、秘書官の伊藤昌哉に漏らした。

「決まって良かった。佐藤の方が俺はやりやすい」

午後、佐藤が池田の病室へ来た。池田は和服姿で出迎えた。

「やあ、良かった、おめでとう、おめでとう」

現職は後任より先に口を切り、握手を求めた。

「……」

互いに渾身の力で握った。佐藤の目が潤んだ。いつもの射抜くような眼ではなかった。大正七年七月の優しい目であった。池田もまた涙ぐみ、ぽつりと言った。

「君とはよく議論した。意見の違いもあった。だけど君への信頼は変わらなかったよ」

「……有難う。頑張るよ。病気中だからすぐ失礼しよう」

「いや、大丈夫だ。今日は特に気分がいいんだ」

池田は佐藤を引き止めた。政治家同士ではなく友人同士として話し込んだ。隙間風が吹く余地は無かった。

「じゃ、そろそろ……身体に障ってはあれだから……近々教えを受けに行くから、それまでには元気になってくれ」

二十分以上も語らって、佐藤は部屋を出た、別れ際、また握手した。政治的な思惑から解放された同級生同士がそこにいた。この日午後、東京の空は曇っていたが、その病室だけ晴れていた。

田中角栄の時代

昭和三十九年十一月九日、四年四カ月続いた池田内閣の後継として、佐藤栄作内閣が発足した。官房長官を鈴木善幸から橋本登美三郎に代え、その他の閣僚は留任させた。角栄も蔵相にとどまった。

池田は十二月の初旬に退院し、悠々自適で過ごした。石を眺めたり、テレビの「赤穂浪士」を見たり。激職から離れた気安さを満喫した。

翌昭和四十年六月、佐藤は内閣を改造。党ともども自前の体制をスタートさせた。佐藤政権の要となる幹事長には、「私の片腕」と公言する男を指名した。

田中角栄である。

当選回数こそ八回を数えるが、年齢はまだ四十七歳。

「人生は五十歳までで決まる」という信条を持つ角栄は、「予定通り」、佐藤政権の中心に座ったのである。総務会長には前尾繁三郎、政調会長には赤城宗徳が就任し、かつての「軽量三役」がポストを変えて再登場となった。幸いなことに、今回は「軽量」との声は上がらなかった。はたして、「角栄は日の当たる場所を歩き過ぎる」等々の反発は派内党内で起こったけれど。

〈これで、総理総裁候補として認知される。後はどうやって「候補」を除くかだ……〉

角栄はこの後五期四年に渡って幹事長を務め、「最も幹事長らしい幹事長」と謳われるようになる。


政局の喧騒から離れている池田は、角栄の幹事長を頼もしく見ていた。

〈あの男なら、やるだろう〉

政調会長、大蔵大臣。就ける際には不安もあったが、それぞれ難無くこなしてしまった。何をやっても結果を残す政治家だ。頭も良いが、何よりパワフルでバイタリティがある。あれほど力強い政治家も珍しい。

〈あの男みたいなのが、ウチにも欲しい〉

我が宏池会は前尾が継ぐ。その後は大平だろう。けれど、あの二人で大丈夫か。知性の方は申し分ないが、角栄のような馬力に欠けるのではないか。

〈あの男の勘、行動力……〉

角栄のことを考えているうち、嫌な想像が頭をもたげた。

〈今は俺がいるからよいが、いなくなったらあの男に――〉

宏池会を支配されかねない。角栄が佐藤派を継承し、「田中派」を構えたら、我が派は草刈り場になりかねない。前尾や大平では、到底あの男に歯が立たない。池田は派の前途に胸騒ぎを覚えた。

〈俺もおそらく長くはない。何か手をうっておかねば〉

あの男はバイタリティがあり過ぎる。野心も天を衝くほどだ。俺がいなくなったら誰もあの男を止められない。

池田は近しく接していたNHK記者の島桂次《しまけいじ》に不安を吐露した。島は前出のテレビ討論の仕掛け人の一人で、いわゆる「派閥記者」である。のちにNHK会長となり、何かと話題を提供した策士だ。

「おい島、俺はもう先が長くないかもしれない。だから言っておきたいんだが……」

宏池会創始者は、「シマゲジ」に「遺言」を託した。

「宏池会のことだがな、前尾と大平では、とてもじゃないけど上手くいかない。それより角栄の方が、危ういところもあるがパワフルだ。佐藤の後はこのままいけば角栄が引き継ぐのはやむを得ない。そのとき、宏池会を変な風にしないように、島、お前、頼んだぞ」

思わぬ話を聞かされた島は、たじろぎながら応じた。

「そ、そんなこと言いなさんな、死ぬわけじゃないんですから。そんなことより、早く元気になってくださいよ」

「いや、お前に頼む。お前は大平とも角栄とも親しいし、それに政治家じゃないから、冷静に判断できるだろ。頼む」

島に「遺言」を押し付けた後、池田は再入院した。癌が再発したのだ。前年の退院から八カ月近くが過ぎた、昭和四十年七月末のことだった。

入院直前、池田は秘書の伊藤昌哉にも不安を漏らした。

「前尾と角栄の時代が来るだろう。前尾は自己PRをしないのが良い所だが、政治家ならもっとした方がいい。黒金も宮沢も心配だ。二人ともよく出来る人物だから、育てていってくれ」

政治家なるものの通弊として、側近への近親憎悪を抱いた池田だが、退陣後、日ごとにそうした思いは消えていった。四年四カ月、支えてくれた感謝の気持ちで一杯だった。

〈俺は石に恵まれた。前尾、黒金、大平、宮沢、伊藤ブーチャン、そして多くの同志たち……あいつらのおかげで何とかやれた〉

角栄にも感謝した。佐藤と完全決別しなかったのは角栄のおかげでもあった。

〈初めて会ったときから、他の政治家とは違うと思ったが……〉

思った以上に凄い奴だった。色んな意味で。脇ではなく、中心に置いて然るべき石だった。いや、あの男は、やがて日本を動かす存在になるだろう。

〈ただ……〉

能力があり過ぎる。宏池会の面々が束になってもかなうまい。そこだけが、不安だった。

〈何とか上手くやって欲しいものだ〉

病床の池田は、自分を支えてくれた仲間たちの将来を気にしていた。

池田勇人の業績

再入院から二週間と少し経った昭和四十年八月十三日朝、池田の容体が急変した。佐藤は閣議を中座して、病院へ駆けつけた。正しい選択だ。閣議は何度もやり直せるが、死は一度きりしかない。まして、学生時代からの友達だ。大惨事の最中でもない。

「おい、しっかりしろ！」

意識不明の池田に、佐藤は友人として声をかけた。反応は無かった。佐藤は諦めず手を握った。三分、五分……池田の手をこんなに長く握ったことは無かった。受験の日、五高時代、役人の頃、そして、政治家……様々な池田の顔が浮かんだ。これほど多様な池田勇人の顔を知る者は、この世で佐藤栄作だけだった。

「……」

池田はかすかに握り返した。だが返事は無かった。それでも佐藤にはわかった。「池田は、俺が来たことに気づいてくれたのだ」と。

大磯の吉田は見舞いの身支度をしていた。親子ほどにも年の離れた一番弟子が、生死の境目をさまよっている。齢九十に近い「ワンマン」が、そそくさと着替えを用意していた。が、師弟の面会はならなかった。

昼十二時二十五分、池田勇人は永眠したのである。

午後四時過ぎ、池田の亡骸は自宅へ帰った。その後、池田邸周辺は雷が響き、大雨が降った。故人の波乱万丈の生涯を、象徴するかのようだった。


四年四カ月、宰相の座にあった池田勇人は、どんな業績を残したのだろうか。

池田内閣の治世下であった、昭和三十五年から三十九年までの統計を見てみると――。

名目GDPは十六兆七千億から三十兆四千億へ増え、国民所得も十三兆三千億から二十三兆四千億へ増加した。逆に、完全失業率は一・七%から一・二%へ下落している。

「所得倍増計画」の成果ははっきり数字に表れているのだ。近年、「構造改革」やら「アベノミクス」やら、経済政策を掲げた内閣が目立つが、いずれも池田の如き成功を収めていない。

だが、「ブーチャン」伊藤昌哉は、池田最大の功績は「無形の財産」にあると見ている。

「池田総理。あなたは日本の国民に自信をあたえ、すすむべき方向を示されました。これが、あなたの最大の仕事であったと思います。どちらにすすんでいいのかわからないということは、たいへんな難儀であり、方向感覚をあたえるということは、それだけでたいした再建策なのです。もしそれ、そこに自信が付与されれば、ことはすでに半ば成就したと言ってよいでしょう。

敗戦によってうつろになったわれわれは、完全に自信を喪失しました。われわれは袋小路に

はいりこみ、去就に迷ったのです。（中略）
あなたは人びとに、『そうだ、この道がある。これをすすめば希望に近づくことができる』ということを教えてくれた最初の人でありました。（中略）
人びとは活気づきます。才能をフルに発揮し、（中略）真剣に、辛抱強くすすむなら、かならず幸福をつかみうる……。人びとは晴ればれとした心で未来を感じとったのです」（『池田勇人とその時代』）
政治家が進むべき方向を示し、国民が晴ればれとした心でそこに未来を感じとる──理想的な国家の姿がここにある。それ以外に付け加える言葉は無い。
「日本人は教育水準が高い。国民が一丸となって本気で頑張れば欧米先進国に負けるはずが無いんだ」
池田がほろ酔い機嫌で記者に語っていた台詞である。その通り、勤勉で教育水準の高い日本国民は、一丸となって欧米先進諸国に追いつき追い越した。その先頭に立って旗を振ったのが──「赤切符」で出発し、病気や放言で途中下車を繰り返した男、池田勇人だったのである。

「後は座るだけ」

池田の逝去後、日曜日であった。

池田と共に高度成長を推進した角栄は、テレビの「ポパイ」を見ていた。

ポパイのエネルギー源はホウレン草だが、角栄のエネルギー源はこの三十分番組だった。ポパイを見ると不思議に力が湧いてくるのだ。幹事長にとっての「ホウレン草」だった。

〈……よし〉

テレビを消した角栄は、地方紙に載せる自伝の執筆に取り組んだ。エネルギーを補給したから筆が進む。

〈……池田さんは、俺の恩人だったな〉

不意に池田の顔が浮かんだ。文字が止まった。しばし瞑想した。

〈池田、佐藤の間を走るという戦略は成功したけど、今後、どうすればいいか……〉

今や佐藤一人である。いや、角栄の上にいる政治家自体、佐藤ほか数人ともいえた。池田は永眠し、河野も大野も亡くなっていた。前尾や大平は横であって上ではない。ただ、急に隣へ割りこんできた奴がいた。

〈佐藤は俺ではなく、福田を後継者にするだろう〉

福田赳夫。池田に批判的だった元大蔵官僚。後ろ盾は岸信介。佐藤は福田を蔵相に起用し、経済運営を任せていた。

〈俺と福田を競わせて、佐藤はその上に乗っかるつもりだろう〉

佐藤の戦略が手に取るようにわかった。当然のやり方だと思った。自分が佐藤の立場だったら同じことをやる。

〈だけど、当事者としては冗談じゃない〉

時間が欲しい。佐藤内閣が長く続いて欲しい。福田に力をつけさせてしまうことにならないか、と見るのは間違いだ。福田個人は怖くない。その後ろが怖いのだ。本丸は佐藤だ。加えて岸だ。奴らは強い。持久戦に持ち込まなければ勝てない。

佐藤に長く居座らせ、その間に母屋を乗っ取るのだ。佐藤の城を崩さねば。それには時間がかかる。新人も養わねばならぬ。その間に福田が育とうとやむを得ない。佐藤を倒せば福田も自然と倒れるのだ。

〈佐藤は俺を抑えにかかるだろう〉

はたせるかな、佐藤は再選されると角栄を更迭し、後釜に福田を据えた。が、落選、逮捕をくぐり抜けてきた角栄だ。腰が二枚も三枚もある。その間都市政策調査会長として「都市政策大綱」をまとめ上げた。

〈池田の「所得倍増計画」みたいな金看板が、俺にも欲しい。これを叩き台にすれば……〉

「都市政策大綱」は、やがて「日本列島改造論」へと結実する。総裁候補としての看板政策ができたのだ。無名時代、議員立法に汗を流した角栄は、閑職に居ても無駄には過ごさないのである。

一方福田は官僚らしく、可もなく不可もなく幹事長職をこなしていた。「次は福田」という声も、二重奏、三重奏と厚みを増してきた。

〈追われる側は常に不安だ。佐藤は福田が伸び過ぎるのも警戒するはずだ。「佐藤長期政権」の一点では、俺と佐藤の利害は一致する。俺の出番は来る〉

出番は来た。福田は蔵相へと舞い戻り、角栄が幹事長に返り咲いたのだ。そして総選挙で大勝した。追加公認を入れて三百議席を獲得したのだ。しかも小沢一郎ら、角栄の「親衛隊」も誕生した。グレーゾーンも着々と広がっていた。

〈見えた。完全に見えた。王座についた俺の姿が……〉

くっきりと。これまでシルエットや目鼻立ちは似ていたが、くっきりとは見えなかった。今、完全に見えたのだ。

角栄は向かう所敵なしだった。行く先々で人の輪ができた。角栄が動くと輪も動いた。その輪は佐藤の輪よりも大きかった。まるで台風のようだった。角栄は政界の台風の目となったのだ。

通産大臣へと転じてからも、台風の勢力は止まらなかった。懸案だった日米繊維交渉を解決した。大平、宮沢が処理できなかった事案を一気呵成でまとめたのだ。「角栄の方がパワフル」——池田の予言通りの展開だった。

〈後は、座るだけだ……〉

昭和四十七年七月、飛ぶ鳥を落とす勢いの角栄は、ついに天下をもぎ取った。福田、その背後にいる岸、佐藤を倒し総理総裁の座に就いたのだ。五十四歳、当時戦後最年少の若さだった。

前尾の後宏池会会長となっていた大平は、このとき角栄と同盟を組んだ。しかしあくまで「従」だった。「主」の角栄を助ける役目に甘んじた。池田の恐れていた如く、宏池会は角栄に、「変な風に」されてしまったのである。

角栄は「決断と実行」を唱えた。有言実行、早々に「日中国交正常化」を成し遂げた。就任三カ月に満たぬうちの早業だった。

内政では「日本列島改造論」を掲げた。「所得倍増計画」以来の、わかりやすく響きもいいキャッチコピーだった。

ところが――。

こちらは上手くいかなかった。

土地投機が過熱し、物価も地価も急上昇。「狂乱物価」を招いてしまったのである。

田中内閣発足の翌年、それまで五％前後の上昇率で推移していた全国消費者物価の総合指数は、一一・七％まで急騰。その翌年には二四・五％にまで暴騰したのだ。地価に至っては、一気に四割以上も跳ね上がり、さらには石油ショックも直撃した。

経済成長も停滞。昭和四十九年、戦後一貫してプラス成長していたＧＤＰは、初めて前年比マイナスへ転じたのである。

そこへ金脈問題と女性問題が重なった。昭和四十九年十月、『文芸春秋』が角栄の金づくりの実態と、秘書との不適切な関係を報じたのである。前者も詳らかに「政治とカネ」を抉っていたが、角栄により精神的打撃を与えたのは後者であった。政治家である前に人であり、父であり、男であるのだ。天下無双の「今太閤」は、身内を傷つけられることを何より嫌がったのである。

二カ月後の昭和四十九年十二月、田中内閣は退陣した。池田を凌ぐ政治力を備えていた角栄は、首相としては「恩人」を越せずに終わったのである。

野望、再び……

〈こんなはずでは……〉

角栄は天を仰いだ。日本の道路を整え、蔵相を務め、日本経済を牽引した一人である自分が、高度成長時代の幕引き役を演じることになろうとは。

〈池田さんなら、どうしただろう〉

経済政策でつまずいた角栄は、経済政策に成功した「恩人」を思った。

〈「日本列島改造論」も、「所得倍増計画」に負けない政策であったはずだが……〉

道路の次は鉄道だ。新幹線網を広げれば、通勤圏が拡大する。拠点都市も一体化する。地方に工場を再配置すれば過疎過密問題も解決する。素晴らしい政策ではないか。なのに、なぜ……。

〈あ、もしかしたら……〉

具体的過ぎたのかもしれぬ。「所得倍増計画」は、「これからも成長できる、いや、もっと成長できる」と道筋を示した。が、「日本列島改造論」は、「これから土地が上がる」と土地投機を煽ってしまったのだ。

事実、大企業らは土地買いに走り、モノを買い占めた。「大規模工業基地」「新幹線鉄道網理想図」などとやって具体的な地名を挙げたため、思惑買いをけしかけてしまったのである。

〈俺としたことが……〉

角栄は挫折感に苛まれた。戦後復興と軌を一にするように、昇竜の勢いで進んできた角栄が、足を止めた。かつて、炭管疑獄で一休みを強いられたが、自ら立ち止まったのは初めてだった。その後しばらく佇んだままだった。

けれども、切り替えの早い角栄だ。半年も過ぎた頃、メラメラと野心が漲《みなぎ》ってきた。

〈もう一度、やりたい〉

再び総理の座に就きたいとの欲望を抱いた。大平や福田などよりも、自分の方が断然能力が高いではないか。俺がやった方が国民のためにもなるではないか。失敗を糧にすれば次は必ず成功できる。

〈見てろ、今に……〉

角栄の野望は再び高度成長し始めた。それは昔以上にドス黒いものだった。

——ところが、昭和五十一年七月。

角栄はロッキード事件で逮捕され、野望は潰えた。無罪を狙い、田中派の拡張にも動いたが、再び宰相の印綬を帯びることは無かったのである。

被告として身動きの取れなくなった角栄は、「闇将軍」と化し、宏池会の大平と鈴木善幸を総理に据えた。再登板に向け、自派から総裁を出すまいとする我執のためと見られたが、池田への「恩返し」の意味合いも込められていたのだろうか。

「直角内閣」こと鈴木内閣が誕生した昭和五十五年夏——。

角栄と池田を縁続きにした立役者・満枝が雑誌で語っている。

「マスコミは、あの人（筆者注・角栄）を少し叩き過ぎるんじゃない。もう少しあの人の政治的手腕、決断力、実行力を評価すべきだと思います」

「罪人として葬ってしまうのは、大きく言えば日本の損だと思うんだけど」（いずれも『週刊読売』昭和五十五年八月三日号）

池田が健在だったなら——弟子たちの政権をどう見たであろう。角栄の手で首相となった弟子たちの姿を。

やはり、「宏池会を角栄に変な風にされた」と嘆いただろうか。あるいは「あの男」と弟子たちの差を諦観《ていかん》し、妻と等しく角栄の力を生かすべきだと「改宗」したであろうか。

昭和六十年、角栄は病に倒れ、回復することなく政界を引退。

そして平成五年十二月十六日、この世を去った。

その日、東京は晴れていたが、夜半過ぎ、雨が降った。

池田逝去の日は大雨だったが、その夜は小雨だった。

◆主要参考文献

〈データ関連〉
『議会制度百年史全十二巻』衆議院・参議院編（大蔵省印刷局）
『内閣制度百年史全二巻』内閣制度百年史編纂委員会（大蔵省印刷局）
『大蔵省百年史全三巻』大蔵省百年史編集室（大蔵財務協会）
『衆議院議員選挙の実績一〜三十回』公明選挙連盟編（公明選挙連盟）
『数字でみる日本の百年』矢野恒太記念会編（矢野恒太記念会）
『気象要覧　大正七年』中央気象台（大日本気象学会）
『日本史広辞典』日本史広辞典編集委員会（山川出版社）

〈政治史関連〉
『現代政治上・下』升味準之輔（東京大学出版会）
『日本内閣史録全六巻』林茂・辻清明（第一法規）
『戦後政治史第三版』石川真澄・山口二郎（岩波新書）
『戦後保守政治の軌跡上・下』後藤基夫・内田健三・石川真澄（岩波書店）
『自由民主党史全三巻』自由民主党（自由民主党）
『昭和二万日の全記録全十九巻』講談社編（講談社）

〈池田勇人関連〉
『池田勇人先生を偲ぶ』松浦周太郎・志賀健次郎編（非売品）
『池田さんを偲ぶ』池田会編（財務出版）
『池田勇人展』たけはら美術館編（たけはら美術館）
『池田勇人とその時代』伊藤昌哉（朝日文庫）
『日本宰相列伝（21）池田勇人』伊藤昌哉（時事通信社）
『聞書池田勇人』塩口喜乙（朝日新聞社）
『随筆池田勇人』林房雄（サンケイ新聞社）
『池田勇人』藤井信幸（ミネルヴァ書房）
『池田政権・一五七五日』吉村克己（行政問題研究所）
『人間池田勇人』土師二三生（講談社）
『山より大きな猪』上前淳一郎（講談社）
『花も嵐も』小林吉弥（講談社）
『首相の夫人たち』小林吉弥（徳間文庫）
『危機の宰相』沢木耕太郎（魁星出版）
『国家予算の歩み10　池田勇人』国家予算歩みの会編集部（国家予算歩みの会）
『あのころのこと』岩見隆夫（毎日新聞社）
『総理の娘』岩見隆夫（原書房）

〈田中角栄関連〉
『大臣日記』田中角栄（新潟日報事業社）
『日本列島改造論』田中角栄（日刊工業新聞社）
『私の履歴書』田中角栄（日本経済新聞社）
『我ら大正っ子』田中角栄他（徳間書店）
『続わが青春放浪記』大宅壮一編（春陽堂）
『人生この一番　日本を動かす人々』学芸通信社編（文明社）
『歴代郵政大臣回顧録第三巻』（逓信研究会）
『中央工学校八十年史』中央工学校八十年史編纂委員会編（中央工学校）
『田中政権・八八六日』中野士朗（行政問題研究所）

『田中角栄と国土建設』米田雅子（中央公論新社）
『ザ・越山会』新潟日報社編（新潟日報事業社出版部）
『田中角栄データ集』情報研究所編（データハウス）
『田中角栄の風景』佐木隆三（徳間書店）
『田中角栄研究全記録上・下』立花隆（講談社文庫）
『田中角栄伝』戸川猪佐武（鶴書房）
『早坂茂三の「田中角栄」回想録』早坂茂三（小学館）
『政治家田中角栄』早坂茂三（集英社文庫）
『駕籠に乗る人担ぐ人』早坂茂三（集英社文庫）
『決定版　私の田中角栄日記』佐藤昭子（新潮文庫）
『田中角栄とっておきの話』小林吉弥（徳間文庫）
『小説田中軍団上・下』大下英治（角川文庫）
『田中角栄』早野透（中公新書）
『田中角栄とその弟子たち』久保紘之（文芸春秋）

〈その他〉

『佐藤栄作日記全六巻』佐藤栄作／伊藤隆監修（朝日新聞社）
『今日は明日の前日』佐藤栄作（フェイス）
『正伝佐藤栄作上・下』山田栄三（新潮社）
『岸信介証言録』岸信介／原彬久編（毎日新聞社）
『石橋政権・七十一日』石田博英（行政問題研究所）
『大野伴睦回想録』大野伴睦（弘文堂）
『追想の広川弘禅』「追想の広川弘禅」刊行委員会編（「追想の広川弘禅」刊行委員会）
『河野一郎先生を偲ぶ』河野一郎伝記刊行委員会編（春秋会）
『党人河野一郎』小枝義人／河野洋平監修（春風社）
『戦後政治の覚書』保利茂（毎日新聞社）
『保守本流の思想と行動』松野頼三（朝日新聞社）
『評伝荒木万寿夫』（荒木万寿夫先生顕彰会）
『私の履歴書』前尾繁三郎（日本経済新聞社）
『大平正芳全著作集Ⅰ、Ⅱ』大平正芳／福永文夫監修（講談社）
『大平正芳回想録全三巻』大平正芳回想録刊行会編（大平正芳回想録刊行会）
『戦後政治の証言』宮沢喜一（読売新聞社）
『宮澤喜一』宮澤喜一／五百旗頭真・伊藤元重・薬師寺克行編（朝日新聞社）
『自民党戦国史全三巻』伊藤昌哉（朝日文庫）
『一日生涯』相沢英之（ぶんか社）
『予算は夜つくられる』相沢英之（かまくら春秋社）
『心の一燈』森田一／服部龍二・昇亜美子・中島琢磨編（第一法規）
『政治の密室』渡辺恒雄（雪華社）
『渡邉恒雄回顧録』渡邉恒雄／伊藤隆・御厨貴・飯尾潤（中央公論新社）
『シマゲジ風雲録』島桂次（文芸春秋）
『世界の中の日本　最良の選択』俵孝太郎（青春出版社）
『再見　戦後政治』岩見隆夫（毎日新聞社）
『総理の品格』木村貢（徳間書店）
『獄中の人間学』古海忠之・城野宏（致知出版社）
『寡黙の巨星』阪口昭（日本経済新聞社）
『いま明かす戦後秘史上・下』桜田武・鹿内信隆（サンケイ出版）
『献金金脈』三鬼陽之助（講談社）
『現代官僚論3』松本清張（文芸春秋）
『大蔵官僚』神一行（講談社文庫）
『昭和経済史』中村隆英（岩波現代文庫）
『証言・高度成長期の日本上・下』エコノミスト編集部編（毎日新聞社）
『「経済白書」で読む奇跡の50年』高橋乗宣編著（日本実業出版社）
『実録日本医師会』武見太郎／有岡二郎（朝日出版社）
『病理集団の構造』岩井弘融（誠信書房）
『私を通りすぎたスパイたち』佐々淳行（文芸春秋）
『別冊正論18』（産経新聞社）

〈雑誌〉

『週刊サンケイ』昭和二十八年七月十九日号／昭和三十八年九月九日号（産業経済新聞社）
『進路』昭和二十九年五月創刊号（新浪漫）
『キネマ旬報』昭和三十三年六月号（キネマ旬報）
『実業の世界』昭和三十六年九月号（実業之世界社）
『経済時代』昭和三十六年十月号（経済時代社）
『婦人生活』昭和四十年十月号（婦人生活社）
『週刊新潮』昭和三十九年十二月二十八日号（新潮社）
『週刊平凡』昭和四十年九月十六日号（平凡出版）
『週刊文春』昭和四十七年八月七日号（文芸春秋）
『現代』昭和五十四年八月号／平成六年二月号（講談社）
『週刊読売』昭和五十五年八月三日号／昭和五十六年十月二十五日号（読売新聞社）
『週刊宝石』平成三年三月二十一日号（光文社）
『法学論叢』平成九年十一月号／平成十年九月号（京都大学法学会）
『週刊朝日』平成十七年十二月二日号（朝日新聞社）

※他に読売新聞、朝日新聞、毎日新聞、産経新聞の当該記事も参照しました。

栗原直樹　くりはらなおき

昭和五十年東京都生まれ。中央大学経済学部国際経済学科卒業。元衆議院議員公設第一秘書。

秘書時代は主として地元選挙区を担当し、会合出席、集会の動員、旅行の見送りなどに奔走。知事選等の地方選にも従事した。

平成二十八年一月、今太閤の無名時代を追った「田中角栄の青春」（小社刊）を上梓。田中角栄と池田勇人の戦いを描いた本書は二作目の著書である。

田中角栄 池田勇人
かく戦えり

発行日　2016年7月21日　第1刷発行

著　者　栗原直樹
編集人
発行人　阿蘇品蔵
発行所　株式会社青志社
〒107-0052 東京都港区赤坂6-2-14 レオ赤坂ビル4F
（編集・営業）Tel : 03-5574-8511　Fax : 03-5574-8512
http://www.seishisha.co.jp/

印　刷
製　本　株式会社ダイトー

ISBN 978-4-86590-029-3 C0095